PENTI
Y MEINCIAU

Mansel Thomas

Cyhoeddwyd gan
MANSEL THOMAS

Cyhoeddwyd gan
Mansel Thomas
Tŷ Gwyn, Mynyddygarreg
Cydweli, Sir Gaerfyrddin, SA17 4RA

ISBN 978-0-9570831-0-3

*Argraffwyd yng Nghymru gan
Wasg Dinefwr
Heol Rawlings, Llandybïe
Sir Gaerfyrddin, SA18 3YD*

Cyflwynir y llyfr hwn . . .

I Eleri, Carys, Eurig a'r wyrion – mae adnabod
gwreiddiau yn cryfhau'r planhigyn.

Er cof am fy rhieni Jack ac Eirwen Thomas ac i holl
drigolion Meinciau; y presennol a'r gorffennol.

**Bydd yr elw o werthiant y llyfr hwn
yn mynd i Apêl Canser Ail Gyfle.**

Rhif Elusen 1107239.

Cynnwys

Rhagair

Braint a phleser o'r mwya oedd paratoi'r llyfr hwn. Braint oherwydd mai bachgen o'r Meinciau ydw i a phleser oherwydd aeth y paratoi nôl â mi dros ysgwydd y blynyddoedd i gael cipolwg ar y pentref fel yr oedd ac i ystyried sut mae cymdeithas wedi newid, er gwell ar adegau ac weithiau er gwaeth. Mae'r ardal hon, ardal Cwm Gwendraeth, y Fach a'r Fawr, a'r Meinciau yn enwedig yn rhan annatod o'm cyfansoddiad ac er mod i wedi crwydro o'r pentre ers blynyddoedd lawer ni allaf ddianc o'i grafangau a phwy sydd am ddianc beth bynnag!

Dwy ddim am eiliad yn ystyried y llyfr yma yn astudiaeth gynhwysfawr ac ysgolheigaidd oherwydd mae llawer wedi ei adael allan ond efallai y bydd y gwaith yma yn fan cychwyn i rywun arall gydio yn yr awenau rywbryd yn y dyfodol.

Yn y bennod ar Moreia rwy wedi pori tipyn yn llyfr y Parch. W. J. Rhys, *Braslun o Hanes Eglwys Moreia Meinciau 1827–1965*.

Byddai'r llyfr hwn ddim yn bosib heb gymorth nifer o bobol sydd yn llawer rhy niferus i'w henwi. Mae'r cynnwys yn ffrwyth oriau o eistedd mewn llyfrgelloedd yn darllen papurau lleol yn ogystal â siarad â nifer o gyn-drigolion a thrigolion presennol y pentre a'r ardal. Rwy'n ddyledus i gefnogaeth staff llyfrgelloedd Caerfyrddin a Llanelli yn ogystal â'r archifdy yng Nghaerfyrddin. Carwn hefyd ddiolch i bawb wnaeth gyfrannu lluniau i'w cynnwys yn y llyfr.

Rwy'n ddiolchgar dros ben i Elsbeth Jones am edrych dros y sgript a chywiro yr aml gamgymeriadau. Diolch o galon Elsbeth.

Bu Dianne, fy ngwraig, yn gefnogol iawn drwy gydol yr amser gan gynnig gair o gyngor o bryd i'w gilydd ac ambell ddisgled o goffi neu de.

Carwn ddiolch o galon i Gyngor Cymuned Llangyndeyrn am ei nawdd hael a hefyd i'r Cynghorydd Tyssul Evans am ei gyfraniad sylweddol yntau i'r prosiect hwn.

Nawrte, dewch i ni gael agor y drws . . .

Cynllun o ardal y Meinciau

(Dim i raddfa)

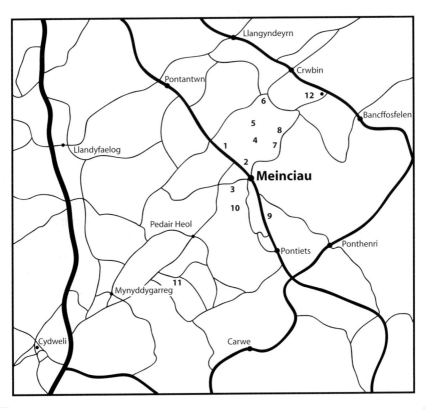

1. Cwar Blaen y Fan	7. Torcefen
2. Fferm Blaen y Fan	8. Gwndwn Mawr
3. Meinciau Mawr	9. Ysgol Gwynfryn
4. Gellygatrog	10. Gwndwn Bach
5. Laswern	11. Parc Matho
6. Capel Dyddgen	12. Garn Ganol

Beth yw ystyr yr enw?

Gwelwn yn y *Dictionary Of The Place-Names Of Wales* gyfeiriad yn 1760 at Mancha, Min Key yn 1765, Maingieu yn 1831, y Meincau 1839, Minkau yn 1851 ac yna Meinciau yn 1920.

Ystyr mainc yn Saesneg yw 'bench' a'r lluosog yw 'meinciau' ac wrth edrych ar y tirwedd o'r ddau gwm i gyfeiriad Meinciau fe welir yn glir wrth deithio o Bontiets neu o Bontantwn batrwm o dir gwastad a bryniog. Dringo lan y tyle, yna gwastadedd, yna dringo eto ac felly ymlaen nes cyrraedd pen y Meinciau neu Minke i'r brodorion. Beth welwn ni yw cyfres o "meinciau" cyn cyrraedd y pentre – felly yr enw Meinciau.

Mae'n bosib hefyd bod yr enw yn tarddu o "min y cae", hynny yw, ochr neu ymyl y cae a hyn, efallai, yn dod o'r cyfnod pan greuwyd tir caeëdig.

Fe welwyd yr enw Minkie ar ambell arwydd flynyddoedd yn ôl – hyn yn deillio o'r ffaith bod y Saeson yn methu cael eu tafodau o gwmpas Meinciau ac felly Meinciau yn troi yn Minkie neu hyd yn oed Minky! Diolch byth fod yr enwau hynny wedi diflannu bellach.

Y Tai Bach Gwyngalch

I mi dyma'r tai a roddodd gymeriad arbennig i'r pentref. Roeddent yn nodweddiadol o'r tai a oedd yn gyffredin iawn yng Nghymru tua chanol y ddeunawfed ganrif. Wedi eu codi yng nghanol y pentref, y bythynnod hyn a wnai'r pentref yr hyn oedd. Rhoddent i'r ymwelydd lun o'r Meinciau a'r llun hwn a ddeuai i'r cof pryd bynnag y soniwyd am y Meinciau. Roedd yn bechod gwneud i ffwrdd â'r tai yma nôl yng nghanol y 1960au. Tai bach hynod isel un llawr oedd rhain ar yr *Hewl Dop*. Un stafell oedd y Tŷ Top neu Tŷ Uchaf; dwy stafell Tŷ Canol, un stafell i'r tŷ drws nesa lawr a ddaeth yn rhan o Tŷ Cornel, cartref Ross ac Harding Jones, gan wneud eu cartref hwythau fel *penthouse suite* o'i gymharu â'r gweddill! Tŷ Cornel oherwydd ei fod ar y cornel â dau ddrws – un ar yr Hewl Dop a'r llall ar y briffordd. Drws nesa i Harding oedd Plasbach, sef Siop Ley, a ddisgrifir mewn pennod arall. Ochr arall i Tŷ Top roedd cartref Willie a Sarah Walters.

Adweinid Willie fel y Crychydd gan ei gyd-bentrefwyr oherwydd y byddai bob bore yn sefyll ar drothwy'r drws yn tynnu allan ei bib, gwasgu y tobacco i lawr, cynnau'r fatsien a gweld y mwg yn codi. Yna ar ôl gweld i ba gyfeiriad byddai'r mwg yn ymdroelli fe fyddai Willie yn penderfynu ai haul neu law fyddai'n bendithio'r pentre y diwrnod hwnnw. Willie yn ddi-os oedd Sian Lloyd Meinciau.

Roedd y tai yma ynghyd â Thafarn y Black a nifer o ffermydd yr ardal yn rhan o ystâd teulu y Stepney, Llanelli. Ond yn dilyn ewyllys weddol gymhleth ac anarferol yn 1827 fe drosglwyddwyd ystâd Stepney i deulu'r Chambers. Yn dilyn hyn mae dogfennau 1846 yn dangos mai William Chambers oedd berchen y tai a nifer o ffermydd yr ardal. Yn 1855 fe wnaeth teulu'r Stepney herio'r ewyllys ac yn sgîl hyn fe ddaeth yr ystâd nôl i'w meddiant.

Perchennog y tai bach cyn ei farwolaeth yn 1930 oedd Richard Wilson Phillips o Reithordy Pentywyn. Yn ei ewyllys ar Fai 11eg 1927 fe nododd fod y tai bach gwyngalch, sef Plasbach, Corner House (Tŷ Cornel) Haulfryn, Tŷ Canol a Tŷ Uchaf i'w trosglwyddo i'w nith Henrietta Catherine

Yr hen fythynnod a Siop Ley sydd ar fin cael ei dymchwel.

Moore, Coombe Down, Bath, ar ei farwolaeth. Felly hefyd Morning Star, Delfryn, Minke Bach, Minke Mawr, Blaenlline ac Arfryn a'r *One roomed cottage annexed to Penybryn.* Bu Henrietta ei hun farw yn ddi-briod yn 1954 ac fe ddaeth y tai yn eiddo i Edel Mary Moore o'r un cyfeiriad. Roedd hithau yn ddi-briod hefyd a bu farw dwy flynedd yn ddiweddarach yn 1956 ond roedd enw arall ar y gweithredoedd, sef John Eustace Rosser.

Yna yn 1957 daeth y cyfan, ar wahân i 'Plasbach', sef Siop Ley, a brynwyd eisioes gan Wil Brynbarre a'i wraig Sage, yn eiddo i Cuthbert James Garner Moore o Gwmni Shell De Affrig, yn ninas Cape Town a Caroline Hartford, hefyd o Cape Town. Fe welir, felly, fod y tenantiaid wedi talu rhent i ystâd teulu'r Moore. Am flynyddoedd dyn o'r enw John Saer oedd yn casglu'r arian rent a chredai nifer mai ef oedd y perchennog. Ond asiant oedd y gŵr hwn i'r perchnogion. Ar wahân i 'Tŷ Cornel', cartref Harding Jones a'i wraig Ross, roedd Wil a Sage yn berchen y Tai Bach i gyd erbyn 1964 ond bobol Cape Town oedd yn berchen 'Tŷ Cornel'. Roedd tenantiaid Minke Mawr a Minke Bach wedi prynu eu cartrefi erbyn hyn. Yna yn 1964 gwerthwyd yr hen dai bach i gyd i Gyngor Gwledig Sir Caerfyrddin a hyn yn arwain at ddymchwel y tai er mwyn adeiladu 'Bryn Moreia', sef chwech o dai un llawr.

Rwy'n gweld y weithred yma yn enghraifft o ladd ein treftadaeth. Roedd y tai yma yn rhan o gymeriad y pentre. Roedd angen tai modern ond nid ar draul yr hen fythynnod; gellid bod wedi adeiladu'r tai newydd mewn rhan arall o'r pentre. Rwy'n cofio teithio gyda'r teulu o Oban yn yr Alban i gyfeiriad y Mull of Kintyre a dod ar draws hen fythynnod yn debyg iawn i hen dai gwyngalch y Meinciau ac roedd y tai hynny bellach yn denu ymwelwyr. Doedd neb yn byw ynddynt ond roeddynt yn chwarae eu rôl yn y diwydiant twristiaeth – dyna wers i ni'r Cymry. Rwy'n ofni bod diffyg gweledigaeth ddirfawr ar ran y bobol sy'n gwneud y penderfyniadau hyn.

Erbyn heddiw mae Meinciau yn llawer fwy o bentre gydag ystâd 'Yr Ashes' neu 'Y Lludw' a adeiladwyd yn y 1970au. Gwelwn hefyd greu ystâd 'Maes Hywel' yn ogystal â'r adeiladu ar Heol Meinciau Mawr a Heol y Meinciau i gyfeiriad Pontiets.

Y Pwmp

Roedd y pwmp yn ganolfan arall yn y pentre. Yn yr hen amser dyna lle roedd y pentrefwyr yn cael eu dŵr. Pawb yn dod â'i fwced a phwmpio'r dŵr o'r ffynnon a thrwy hyn roedd y pwmp yn dod yn fan cyfarfod gyda straeon y dydd yn cael eu trafod a'u hymestyn mae'n siwr. Roedd y pwmp ochr draw yr heol i Siop Ley a 'Tŷ Cornel'. Dyna'r man lle byddai'r bws i Gaerfyrddin yn aros hefyd – a hyn yn ychwanegu eto at bwysigrwydd y llecyn bach yma. Byddai'r plant yn ymgasglu yma bob bore yn aros am y bws fyddai'n eu cludo i ysgolion y dre.

Roedd yn fan cyfarfod i'r ieuenctid, yn enwedig yn dilyn y cwrdd ar nos Sul. Bu llawer o dynnu coes a chwarae o gwmpas yr hen bwmp. Yn y fan hon dechreuodd sawl carwriaeth gan fod yr hen bwmp yn llecyn gwych i ddenu sylw'r rhyw arall. Ac, wrth gwrs, roedd yn gyfleus iawn adeg y bedydd â gynhelid yr ochr draw i'r wal.

Yn yr oes fodern, wrth gwrs, daeth oes y pwmp i ben. Roedd dŵr wrth law ym mhob cartref bellach ond, serch hynny, roedd y pwmp yn dal i fod yno er nad oedd ond addurn. Mae'n debyg i'r Cyngor Sir symud y pwmp i Lyn Brianne, ond fe ddodwyd pwmp arall yn ei le hyd nes i rywun ei ddwyn. Mae tri chynnig i Gymro ac mae'r trydydd pwmp yno bellach ond mwynhau segurdod mae e wrth gwrs.

Atgofion Plentyn

Cartref yw cartref – y cartref lle rydym ni yn byw nawr ac hefyd y cartref lle cawsom ein magu. I rai dydy'r cartref hwnnw ddim wedi newid o gwbl. Torcefen oedd fy nghartre innau. Fferm yn cadw gwartheg godro oedd Torcefen – fferm o gwmpas deugain erw ond gydag ugain erw arall ar rent, tua hanner milltir o sgwâr y Minke, neu Meinciau, ar yr heol sy'n arwain o'r Meinciau i Bancffosfelen – Hewl y Mynydd neu Hewl y Banc neu hyd yn oed yr Hewl Dop fel y'i gelwir. Mae'n rhaid ei bod yn hewl bwysig i gael yr holl enwau 'na.

Mae gen i gof o eira mawr 1947. Tair oed oeddwn ar y pryd ond cofiaf, er mai rhyw frith gof yw e, y gweithwyr yn gwneud eu gorau i glirio'r hewl fach.

Rwy'n cofio hefyd mynd gyda Non (Tadcu) yn y cart a'r ceffyl i gyfeiriad Pontantwn – i beth dwy ddim yn gwybod. Ces i sawl trip yn y cart ac roedd e'n gart crand hefyd, un lliw glas a lle i eistedd ynddo. Blaces oedd enw'r gaseg gan mai caseg ddu oedd hi siwr o fod. Daw ambell i daith lawr at Gof y Cnoc ym Mynyddygarreg er mwyn pedoli'r gaseg i'r cof yn ogystal.

Cedwid y gaseg yn y stabal, a dyna lle roedd John Bowen yn cysgu. Roedd John Bowen y Stabal yn rhannu yr un enw â Non, sef John Bowen, fy nhadcu. Ond gŵr di-gartre oedd John Bowen y Stabal, gŵr lleol a oedd wedi colli ei ffordd rywsut ac yn gorfod rhannu ei wely gwellt gyda ambell i lygoden, fach a mawr, o bryd i'w gilydd. Dim rhyfedd i bob cais y gwnes i gael cysgu gyda John yn y stabal gael ei wrthod!

Roeddwn yn dipyn o ffrindie gyda rhai o'r anifeiliaid yn ogystal. Roedd diwrnod lladd mochyn yn ystod yr Hydref yn un o'r diwrnodau roeddwn yn ei gasáu. Noson cyn y lladdfa roedd rhaid mynd mewn i'r twlc a chael sgwrs gall â'r hen fochyn ac yn egluro iddo nad oedd gen i ddim byd i wneud â beth oedd yn mynd i ddigwydd drannoeth. Roeddwn yn hollol argyhoeddiedig ei fod e'n dcall yn iawn ond doeddwn i ddim yn medru ei wynebu yn y bore a dianc oedd yr arfer i'r cae pellaf er mwyn osgoi clywed sgrech y truan.

Diwrnod pwysig oedd diwrnod lladd mochyn – digon o ddŵr poeth i feddalu'r blew er mwyn hwyluso'r gwaith o siafio'r blew i ffwrdd. Yna agor y mochyn a'i hongian am ddiwrnod cyn ei dorri lan yn dameidiau sylweddol a'u halltu fel bod cyflenwad o fwyd i ni fel teulu dros y gaeaf. Roedd hi yn arferiad bob blwyddyn i rannu ychydig o'r cig a'r ffagots gyda'r cymdogion. Roedd 'na ddarn o'r mochyn yn cael ei fwyta yn syth y noson honno. Y "wningen" gelwir y darn hwnnw ac wrth fwyta hwnnw roeddwn wedi llwyr anghofio am y sgwrs gyda'r hen fochyn! Byddai'r cig, wedi ei halltu, yn gorwedd am ychydig wythnosau ar feinciau y llaethdy cyn ei hongian ar fachyn o do'r gegin a hyd yn oed wedyn, yn achlysurol, byddai rhaid gosod rhyw nodwydd gymharol hir i mewn i'r cig i wneud yn siwr ei fod yn iawn.

Un o'r atgofion cynharaf sydd gennyf o waith y fferm yw gwasgaru cynnyrch y domen dail. Mynd allan â'r tail o'r domen yn y cart, gyda'r hen gaseg yn tynnu wrth gwrs, a gollwng pentyrrau bob hyn a hyn ar draws y cae. Yna, ymhen diwrnod neu ddau mynd â fforch a gwasgaru pob pentwr ar hyd y cae. Gwaith caled, llawer rhy galed i grwtyn bach fel finne, ond doedd y gwaith yna ddim byd i'w gymharu â diwrnod cywain gwair.

Roedd aroglau gwair yn llawer mwy derbyniol nag arogl y domen dail ac fel plentyn cyfnod cywain gwair oedd fy hoff weithgaredd ar y fferm. Roedd yn arferiad i gymdogion helpu eu gilydd yn ystod y cynhaeaf gwair. Rwy'n cofio, yn gyntaf, y bwndeli gwair yn cael eu casglu oddiar y caeau a'u cludo yn y gambo gyda'r ceffyl i'r sied wair yn yr ydlan. Dyma fel oedd hi, wrth gwrs, cyn i'r tractor gyrraedd. Yna daeth y peiriant codi gwair a hwn yn ei dro yn cael ei ddilyn gan y belar. Roedd yn bwysig iawn llwytho'r gwair, yn enwedig y bêls gwair yn daclus yn y gambo rhag iddo foelyd ar y daith nôl i'r ydlan. Roedd ffordd arbennig o lwytho'r bêls – un rhes ar draws, un arall ar ei hyd nes y byddai'r llwyth yn llawn. Erbyn heddi mae mwyafrif o ffermwyr yn llogi pobl sydd yn berchen ar beiriannau drudfawr er mwyn casglu silwair a'r *big bales* boed rheini'n grwn, yn sgwâr neu'n petryal.

I mi mae rhamant y diwrnod cywain gwair wedi diflannu. Roedd y cyfnod hwnnw yn dangos ysbryd cymdeithas ar ei orau. Cael bwyd wrth gysgod y clawdd – yfed te a chladdu tomen o frechdanau a bara brith yn arogl godidog a melys y gwair a laddwyd. Ac roedd hyn yn llawer mwy blasus na'i gael e yn y tŷ! Clywed a gwrando ar glecs lleol a storïau diri, llawer o dynnu coes a chwerthin ac yna nôl at y gwaith. Roedd yn arferol yn Torcefen cael casgen o gwrw neu sidir i dorri syched sylweddol y gweithwyr, a hyn unwaith wedi fy arwain inne i ychydig o drybini. Rhoddodd un o gymeriadau'r pentre sidir i mi i'w yfed ar y slei. Dim ond saith oed oeddwn ar y pryd ac ychydig iawn o'r prynhawn hwnnw rwy'n ei gofio. Roedd y sidir wedi cael ei effaith a finne wedi treulio'r prynhawn yn y gwely! Doedd Mam ddim yn hapus ac ni chafodd y cymwynaswr hwnnw byth y cyfle i'n helpu ni wedyn! Mae'n debyg i Ron Ynysfach ddod i chwarae y prynhawn hwnnw ond weles i ddim Ron – tipyn o *hang-over*! Fel oeddwn yn tyfu roedd disgwyl imi wneud fy siâr o waith ac yna syweddolais mai gwaith caled oedd cywain gwair heb ddim byd hudolus yn perthyn iddo o gwbl.

I mi fel plentyn, Meinciau oedd canolfan y byd. Doedd dim Sainsburys, Woolworth na British Home Stores yno ond roedd gyda ni Siop Ley – ac fe fyddwn yn sôn dipyn am Siop Ley mewn pennod arall. Doedd dim Smiths gyda ni chwaith ond pwy oedd angen Smiths pan oedd gyda ni Siop Sâr lle roeddem yn cael ein "takeaways" – bwyta peaches, pears ac apriocots yn syth o'r tin. Y perchnogion oedd Sara a'i chwaer Catherine – dwy, a oedd yn ymddangos i finne, mewn tipyn o oedran. Roedd Sara yn briod â William Davey (neu Dai Pencwm) a oedd ychydig flynyddoedd yn iau na'i wraig. Er iddo fod mewn tipyn o oedran ei hun mae gen i gof ohono yn chwarae *left back* i Meinciau Rovers. Sara oedd *"News of the World* Minke" – yn gwybod hanes y byd a'r betws. Doedd dim angen prynu'r *Journal* gan fod y newyddion i gyd gan Sara.

Canolfan bywyd y pentre oedd Moreia er fod 'na ganolfan arall hefyd, sef Tafarn y Ceffyl Du, ond yn cael ei adnabod fel Tafarn y Black. Roedd y rhan fwyaf o'r bobl a oedd yn mynychu'r Black yn mynychu Moreia ond doedd rhai o aelodau ffyddlon Moreia ddim yn mynychu'r Black – wel, ddim drwy'r drws ffrynt beth bynnag! Does dim rhyfedd mai Capel y Bedyddwyr yw Moreia. Roeddwn fel plentyn yn meddwl ein bod ni ar y Meinciau yn adnabod Duw a'i fod Ef yn ein nabod ni. Wedi'r cyfan, roedden ni ar y Meinciau yn agosach at y nefoedd na phobol Pontiets a Phedair Heol, ac yn bendant yn agosach na thrigolion Mynyddygarreg. Roedd Cydweli ar blaned arall!

Chwaraeai Moreia rôl bwysig iawn a chanolog yn ein bywydau. Dyna i ni oedd ein Heglwys Gadeiriol a'r diaconiaid oedd yr hoelion wyth. Roeddem yn mynd yno dair gwaith bob Sul, cwrdd gweddi nos Fawrth a'r

Gymanfa Bwnc bob Nadolig. Pob Pasg roedd rhaid cael siwt newydd ar gyfer y Gymanfa Ganu. Fel roeddwn yn tyfu ac yn oed llencyndod roedd tipyn o edrych ymlaen i weithgaredd y Gymanfa oherwydd roedd gobaith cael cip olwg ar dalent y capeli eraill. Trwy'r Gymanfa Ganu roedd modd dod i adnabod merched y byd yma. Rwy'n cofio meddwl mod i ar fin cael fy nghusan gynta tu cefn i Gapel Moreia yn ystod Cymanfa'r hwyr. Y ferch ddewr yma a'i chefn yn pwyso yn erbyn wal y capel a phump ohonom ni y bechgyn yn aros ein tro i'w chusanu. Fi oedd y pumed a phan welodd hi mai fi oedd y nesa fe ddwedodd ei bod hi wedi cael digon – ergyd andwyol i fy hunan-barch! Rwy'n cofio ymarfer cusanu gyda drych llaw yn fy ystafell wely am fisoedd cyn y Gymanfa ond, och a gwae, heb ddwyn unrhyw ffrwyth ar y noson dyngedfennol!

Roedd dydd Sul yn dal i fod yn ddiwrnod cysegredig, yng ngwir ystyr y gair, i nifer o deuluoedd o gwmpas y pum degau cynnar. Dim ond yr hyn oedd yn rhaid ei wneud a wnaethpwyd ar y Sul. Roedd hyd yn oed crafu'r tato a pharatoi y llysie ar gyfer cinio dydd Sul yn cymryd lle nos Sadwrn. Roedd torri glo a choed ar gyfer y tân wedi ei wneud ymlaen llaw. Doedd hi ddim felly yn ein tŷ ni ond eto gyd dim ond y gwaith angenrheidiol a wnaethpwyd ar y fferm. Mynd i Moreia dair gwaith oedd yr arferiad – cwrdd yn y bore a'r hwyr ac Ysgol Sul yn y prynhawn. Roedd llawr y capel yn gymharol llawn ym mhob gwasanaeth a'r festri yn orlawn o blant ar gyfer Ysgol Sul.

Rwy'n cofio mynychu'r cyrddau gweddi bob nos Fawrth ac ar y Sul pan fyddai'r gweinidog yn pregethu yn Salem. Byddai'r cewri, gan gynnwys ambell fenyw, yn mynd ar eu gluniau ac yn creu tipyn o argraff arna i wrth iddynt fynd i hwyl. Byddwn, ar ôl hyn, pan gawn gyfle, yn eu hefelychu amser chwarae o flaen y plant yn yr ysgol ddyddiol, sef Ysgol Gwynfryn. Byddai gen i gynulleidfa bob tro!

Roedd trip yr Ysgol Sul yn un o uchafbwyntiau'r flwyddyn.

Trip Ysgol Sul

Pan oeddwn i yn grwtyn
Yn mynd i lan y môr,
Un trip y flwyddyn oedd e
A'r tywydd wastad yn ôr.

Pump bws ar dop y Minke,
Chwech ar ddiwrnod ffein,
Tenby, Porthcawl neu Barry
A withe pob cam i Pendein.

Jiw, na beth odd *excitement*!
Pawb yn gobitho na ddele glaw,
Nance y Black yn wafo gwdbei
A Mari yn sic cyn cyrradd Pentre Draw.

Convoy o fyses John Evans
Yn cario y seintie a fu;
Porthcawl yn aros amdanom
A Coney Beach yn nefoedd i ni.

Cŵyn o ffrynt y bws bod Porthcawl yn bell
A bod hi yn siwr o fwrw glaw.
"Sdim ots!" medde llais o'r gwt –
A dou yn dechre citsio llaw.

Porthcawl o'r diwedd a'i donnau chwyrn
A'r tywydd ddim tebyg i June.
Ras amdani lawr i'r trath –
Ffindo mas bod y teid yn dod miwn.

"Pwy blano trip Ysgol Sul
I bostage stamp o drath!"
"Pidwch becso," medde Dafydd Tŷ Newydd,
"Galle fod tipyn yn wath."

Draw a ni i Coney Beach
I ganol y ffair a'r sŵn
Cwpwl o beints i rai o'r bois
A finne yn stepo ar bethchingalw cŵn.

Rodd y menywod i gyd mewn hanner cylch,
Yn eu hate fel disen o dents,

Pob un â *deckchai*r yng nghanol y trath
A gwraig y gweinidog yn styc yn y *gents.*

Lan â'r trwser i gyfeiriad y penglin
A ffrog Anti Magi rownd ei thin,
Lawr â ni i ymyl y dŵr
A Lisabeth Brynmoir yn cadw stŵr.

Mas â'r *sandwiches* cyn hir
A'u bwyta i sŵn rhyw fand.
Finne yn whilmentan am losin Lei
A'r *sandwiches* yn cwmpo i'r *sand.*

Nôl i'r bws am chwech o'r gloch
Dath y bois o'r *Wayward Wind.*
"Sefwch funud," medde'r gweinidog mewn panic,
"I ble mae'r wraig wedi mynd?"

"Wel 'na od," medde Marged Tŷ Top
"Dyn, ni ddim wedi gweld hi ers chwarter i dri."
"Duwcs y byd, mae'n well mynd i chwilio –
Falle'i bod hi'n sâl fel ci."

Gwelodd ei wraig yn dod allan o dŷ bach cyn hir
A'i gwên fel toriad gwawr –
Wedi darganfod dynion diri Porthcawl,
Rhai yn fach a rhai yn fawr.

Pan oeddwn i yn grwtyn
Yn mynd i lan y môr,
Rhyw drip bach felna odd e . . .
A'r tywydd wastad yn ôr.

Rhywbeth tebyg oedd hi ym mhobman siwr o fod ond aeth y dychymyg braidd ar gyfeilion wrth sôn am wraig y gweinidog!
Roedd y Gymanfa Bwnc yn achlysur reolaidd yn cael ei chynnal o gwmpas y Nadolig. Byddai Salem a Moreia yn eu tro yn mynd drwy

eu gwaith. Adrodd pennod mewn pedwar llais ac yna cael trafodaeth dan arweiniad y gweinidog. Yn aml iawn byddai cryn ddadlau o fewn trafodaeth ddeallus a bywiog. Roedd cyfle i ni'r plant gymryd rhan yn ogystal – cyd adrodd un o'r salmau fyddai'r dasg fel arfer os cofiaf yn iawn.

Roedd ambell i Sul pan nad oeddwn yn teimlo fel mynd i'r Ysgol Sul. Daw i'r cof un prynhawn Sul pan gefais yr ysfa i wneud rhywbeth arall. Gwelais fy siawns – dim ond fi oedd yn mynd y prynhawn hwnnw. Felly cerdded draw i'r festri gyda Bob y ci yn dilyn. Roedd Bob wastad yn dilyn ond o hyd yn mynd adre ymhell cyn i mi gyrraedd y pentre. Ond y tro yma gwelais y siawns i osgoi yr Ysgol Sul. Gwnes annog Bob i ddilyn ei feistr bob cam i'r Festri. Roeddwn ychydig funudau yn hwyr ond dyma fi yn gafael yn Bob ac yn gweud yn siwr y byddai yn mynd mewn i'r Festri wrth i mi agor y drws. Marged Walters yr ofalwraig gydwybodol yn gweld y ci ac ar unwaith yn dangos y drws iddo o'r cyfeiriad arall. Minnau yn esbonio y bydde rhaid i mi fynd nôl a'r ci bob cam adref. Y cynllun wedi gweithio yn berffaith! Roedd cwrdd y plant unwaith y mis ac fe gynhaliwyd y cwrdd yn y bore. Roedd y cwrdd plant yn feithrinfa dda ar gyfer bod yn gyhoeddus.

Cynhaliwyd Gymanfa lewyrchus yn flynyddol ar Llun y Pasg naill ai ym Moreia neu Bethesda, Ponthenri, am yn ail flwyddyn. Byddai'r arweinydd gwadd ddim yn cymryd drosodd tan yr ymarfer ar Sul y Pasg – diwrnod cyn y gymanfa ar y Llun dilynol. Un o'r arweinyddion hynny oedd Alun Williams, y darlledwr amryddawn ac adnabyddus. Mae'n debyg mai hon oedd y Gymanfa gynta iddo arwain ac yn chwarae iddo yn rihyrsal y prynhawn oedd Eirwen Thomas, Torcefen, sef mam, neu Mama, fel oeddwn yn ei galw. Ysgrifenyddes Alun oedd y diweddar Alma Carter, ffrind annwyl ac un o ferched Salem, Pedair Heol. Bu Alma yn ysgrifenyddes ffyddlon a diwyd iddo am flynyddoedd lawer. Wrth ddarllen *Y Dinesydd* (rhifyn Gorffennaf 2007) fe ddeuthum o hyd i'r pennill hwn er cof am Alma a fu farw yn 67 oed.

> *Enaid tyner oleuni; enaid*
> *Oedd annwyl iawn inni;*
> *Enaid y mawr haelioni,*
> *A Duw oedd yn d'enaid di.*
> Robin Gwyndaf.

Er iddi fyw yng Nghaerdydd gyda'i gŵr Ricky a'u mab Rhys roedd ganddi wreiddiau dwfn yn yr ardal ac yn aml iawn byddai'r teulu yn dod nôl i'w tŷ ar y Meinciau.

Fel oeddwn yn mynd yn hŷn roeddwn yn graddio yn y diwedd i Gymdeithas Y Bobl Ifanc. Roedd y Gymdeithas yn cwrdd yn y Festri ar nos Iau unwaith y mis. Y Parch. I. G. Davies oedd wrth y llyw yr adeg honno a chwarae teg iddo roedd yn trefnu rhaglen oedd yn ateb ein gofynion ni bob blwyddyn. Gemau o bob math, gwahoddedigion yn siarad, nosweithiau o frethyn cartref ac ambell drip i wahanol lefydd. Aethom mor bell a Rhyl unwaith ac rwy'n cofio mynd i weld Arsenal yn chwarae yn erbyn Caerdydd ym Mharc Ninian gyda Walley Barnes yn chwarae dros Arsenal.

Dydd Sadwrn roedd rhaid gwylio Meinciau Rovers – y tîm gorau yn y byd! Methu a deall pan doedd Arsenal, Manchester United, Spurs a timau mawr Lloegr ddim yn chwarae yn erbyn y crysiau gwyrdd a melyn. Uchelgais crwt Torcefen oedd cael chwarae *centre forward* dros ei bentre a dilyn traed Ivor y Black, Kerri Williams, Reggie Morris, Eric Beynon, Vernon Tŷ Cam a sêr eraill Meinciau Rovers.

Ond roedd fy nhadcu yn gweld ymhell ac aeth â mi un Nadolig i Tymbl i weld y tîm cartref yn chwarae Pontyberem. Dyna'r gêm gynta o rygbi i mi weld erioed a minnau yn methu deall paham doedd y cefnwr ddim yn aros yn y gôl!

Roedd Nadolig yn arbennig – pob blwyddyn byddai Nadolig yn dod yn gynnar iawn i'n tŷ ni. Roedd rhaid i Santa ddod i'n tŷ ni o flaen pob tŷ arall, a byddai pob amser yn gadael ei anrhegion ym mola'r *hatbox* oedd wastad yn edrych mor urddasol yn y *passage*. Yn dawel bach heb i neb weld byddwn yn agor y bocs rhyw wythnos cyn y noson fawr er mwyn gweld os oedd e wedi ymweld â'n tŷ ni.

Chwarae teg i'r hen Santa roedd par o sgidie pêl-droed a pêl leder yno eleni eto. Da iawn Santa ond roedd rhaid aros wythnos arall cyn derbyn yr anrhegion yn swyddogol – heb anghofio yr *Eagle Annual* wrth gwrs.

Pob bore Nadolig allan i'r *stadium*, y ca ffrynt. Pêl newydd, sgidie newydd a'r miloedd yn tyrru o bob cornel o Meinciau. Byddai'r *stands* yn ymestyn i'r cymylau a phob sedd wedi ei chymryd gyda'r dorf anferth yn mwynhau ac wedi eu gwefreiddio wrth edmygu athrylith crwt lleol Torcefen. Roedd hyd yn oed y gwartheg yn edmygu donie y crwtyn ifanc fel y gwnai ochorgamu i osgoi eu rhoddion beunyddiol i dir y fferm. Buddugoliaeth arall i dîm Bae Abertawe a dyma'r *stands* yn diflannu a'r gwartheg yn rhydd i grwydro a pori o gwmpas y cae mewn heddwch unwaith eto. Pam Bae Abertawe dwy ddim yn gwybod ond rwy'n meddwl y byddai yr enw yma yn briodol iawn i'r tîm a elwir Y Gweilch heddi.

Ond roeddwn yn casáu un peth ynglŷn â'r Nadolig – diwrnod lladd ffowls. Fel cywain gwair roedd y diwrnod yma yn ddiwrnod cymdeithasol gyda'r teulu estynedig, menywod yn bennaf, yn dod i helpu gyda'r plufio ac wrth gwrs roedd siarad y menywod yma, y clecs a'r chwerthin yn ddistop – fel clochdar sied o ieir! Ond dwy ddim yn medru goddef plu ac yn flynyddol roedd llawer iawn o blu yn hedfan o gwmpas ar y diwrnod yma. Roedd yr arogl yn droedig hefyd. Pawb wrth eu bodd – fi oedd yr unig berson diflas o gwmpas ac hyd y dydd heddi dwy ddim yn bwyta unrhyw beth sydd yn agos i fod â chysylltiad â phluen. Ond ar y llaw arall rwy'n hoff iawn o wyau. Fy nhad oedd yn lladd – roedd e'n dipyn o laddwr gan mai ef oedd yn lladd nifer o foch yr ardal yn ogystal.

Roedd bore dydd Calan yn arbennig i ni'r plant yn ardal y Meinciau. Mynd allan i ganu yng nghwmni David fy nghefnder neu Dai y Red fel mae'n cael ei gyfarch heddi (dim wiw i mi alw fe'n Dai) a dymuno blwyddyn newydd dda o gwmpas y tai a'r ffermydd oedd yr arferiad. Yn draddodiadol doedd dim croeso i ferched wneud hyn, er rwy'n cofio i Audrey Ynys Fach a Janet Blaenpant, dwy ffrind, fod ddigon dewr i fentro arni ac herio yr hen gonfensiwn yna. Cân David a finne fel llawer un arall oedd:

Blwyddyn Newydd dda i chi
Ac i bawb sydd yn y tŷ
Dyna yw'n dymuniad ni
Blwyddyn Newydd Dda i chi.

Ac yna bloeddio allan "Blwyddyn Newydd Dda i chi gyd." Derbyn calennig wedyn a'r swm yn amrywio o ychydig geiniogau i hanner coron! Roedd rhaid gorffen erbyn deuddeg o'r gloch – wedi deuddeg roedd hi yn anlwcus i ganu. Felly dechrau tua wyth a chadw ati tan ddeuddeg oedd y patrwm bob blwyddyn ac yna rhifo yr arian. Os nad yw'r cof yn twyllo rwy'n siwr ei bod hi yn eithriadol o oer bob blwyddyn – naill oedd eira ar y llawr neu roedd hi wedi rhewi yn gorn. Nos Galan roedd yn arferiad gennym fynd i weld un o ddramâu Edna Bonnell yn neuadd Llangyn-deyrn.

Cyn hir roeddwn yn ddigon hen i fynd gyda fy nhadcu, Non, bob yn ail ddydd Sadwrn i'r Strade i weld a chefnogi Llanelli. Os ennill oedd y canlyniad yna bydde Non wrth ei fodd a hynny yn lleddfu'r poen o golli ar y gigis! Rwy'n mynd nôl i'r pum degau – cyfnod R. H. Williams, Henry Morgan, Wynne Evans, Cyril Davies, Ray Williams, Geoff Howells, Terry Davies ac wrth gwrs fy arwr Carwyn James. Un arall o'r cyfnod hwnnw oedd Howard Ash Davies a fu'n byw am gyfnod yn Hafod y Gân – tŷ nepell o'r Meinciau wnaeth Non adeiladu ar yr heol sydd yn arwain i fferm Gellygatrog.

Er ein bod ni ar y Meinciau yn ymddangos yn gymdeithas glòs a mewnblyg ar adegau roeddem yn anturio allan o bryd i'w gilydd. Roeddwn wrth fy modd yn mynd i Abertawe a threulio wythnos o wylie bob haf yn 7 Wordworth Street, Mount Pleasant – cartre Wncwl Jack ac Anti Jean a'i mab Gethin. Chwaer nhad, sef John neu Jack Torcefen oedd Jean, merch William a Lottie Gellygatrog.

Cul de sac oedd stryd Wordsworth – roedd wal fawr ar draws waelod y stryd. Doedd dim ceir o gwmpas y stryd o gwbl yr adeg honno. Os gallai teulu fforddio prynu car yna fe fyddent yn fwy tebygol o brynu tŷ a symud i rhywle arall. Felly yr heol oedd ein cae ni, ein cae pêl-droed ni – ein Vetch Field ni. Yn byw yn y tŷ nesa at y wal ar waelod y stryd oedd Roy. Bachgen o gwmpas yr un oed a minnau oedd Roy ac fe ddaethom yn ffrindiau mawr.

Chwarae pêl-droed pob dydd drwy gydol y gwylie. John Charles oedd Roy, Ivor Allchurch oeddwn i. Roedd John Charles yn ennill yn gyson ac os oedd Ivor Allchurch yn cael gêm wael, pwr dab, yna byddai Len Allchurch neu Terry Medwin neu Cliff Jones yn cymryd drosodd, ond doedd dim yn newid – John Charles oedd yn ennill bob tro!

Blynyddoedd yn ddiweddarach daeth cenedlaeth arall o blant i chwarae ar ein Vetch Field ni yn Wordsworth Street. Ond erbyn hyn y chwaraewyr oedd John Toshack, Terry Yorath, a Roy Evans. Ychydig wnaeth y plant hynny ystyried fod y dieithryn a oedd yn ymweld a'i wncwl a'i anti yn rhif 7 ac yn ei gwylio nhw yn chwarae wedi chwarae ar yr un cae â nhw gyda Roy – y Roy Evans, y crwtyn bach oedd yn byw drws nesa i'r wal, y crwtyn bach wnaeth yn ddiweddarach chwarae i Abertawe a Cymru. Bellach dyw Roy ddim gyda ni. Fe'i laddwyd mewn damwain car yn ddyn gymharol ifanc. Fe chwythwyd y chwiban olaf ar yr heol sy'n adnabyddus fel Head of the Valleys wrth iddo ddychwelyd nôl o gêm bêl-droed.

Rwy'n cofio un prynhawn heulog ar ddechrau y tymor pêl-droed gyda Abertawe yn chwarae gartref a minnau yn rhy ifanc i fynd i weld y gêm. Felly dyma fynd am dro ar hyd Milton Terrace, y stryd gyferbyn â Wordsworth Street, nes cyrraedd man lle roedd modd gweld cae y Vetch a gweld ychydig o'r gêm yn ogystal. Dyma ddringo i ben y wal er mwyn hwyluso y gwylio ond yn sydyn reit dyma floedd a llond ceg o ddiawlio o gyfeiriad yr ardd oddi tano. Roedd menyw a'i blwmers dros ei sgidie yn ateb galwad natur fan honno ac yn credu mod i yn ei gwylio hi yn perfformio. Gwelais i ddim rhagor o'r gêm, es nôl i ddiogelwch rhif 7 Wordsworth Street.

Rwy'n cofio ni yn cael trydan yn Torcefen. Cyn hynny golau nwy oedd gennym gyda silindr nwy yn y gegin. Tu allan oedd y tŷ bach ac nid gorchwyl pleserus oedd ymweld â'r llecyn hwnnw ym mherfedd noson aeafol. Fel oedd yn gyffredin yr adeg honno roedd papur dyddiol wedi ei dorri yn sgwarau gerllaw yn barod i ateb y gofynion. Byddai ambell i bapur newydd heddi yn addas iawn i'r gorchwyl hynny ac yn llawer gwell nai ddarllen!

Roedd pob haf hefyd yn golygu gwyliau yn Cei Newydd gyda fy nhadcu Non, ei gefnder John Jones, Gwndwn Mawr, a Wyn ŵyr John. Roeddem yn aros yn Ivy House bob blwyddyn a chael amser bendigedig. Roedd y ddau ddadcu yn ffrindiau agos gyda John yn ddiacon ac yn un o hoelion wyth Moreia. Ar y llaw arall doedd fy nhadcu ddim yn gapelwr ffyddlon ond eto gyd roedd ei ffydd yn gadarn yn ei ffordd ei hun ac wrth ei fodd gyda 'Caniadaeth y Cysegr' bob Sul ar y radio. Beth bynnag, cynhaliwyd cyfarfod pwysig yn Ivy House, Cei Newydd, un noson. Ffrwyth y cyfarfod oedd y penderfyniad ysgubol bod y ddau ddadcu i fynd i nofio yn y môr bore trannoeth. Ond doedd dim dillad nofio gyda nhw a doedd un o'r ddau yn gallu nofio beth bynnag ond doedd hynny ddim yn rhwystr o gwbl. Fe wnaethon ni gyd godi yn gynnar cyn i drigolion y Cei agor eu llygaid, straffaglu draw i Draeth Gwyn a mewn a'r ddau yn eu *long johns* i'r môr. Gyda Wyn a finne fel dau *life guard* roedd y ddau wrth eu bodd yn y dŵr.

Pan yn blentyn roeddwn yn medru cerdded mewn i bron pob tŷ ar y Meinciau heb yr angen i gnocio. Gan amla byddai'r drysau ar agor beth bynnag ac felly cerdded mewn a gweiddi helo a derbyn croeso gan bawb. Un tŷ roeddwn yn galw heibio bron yn ddyddiol wrth fynd adre o'r ysgol oedd tŷ "Mam Tŷ Top". Doedd hi ddim yn perthyn i mi o gwbwl ond hi oedd mamgu fy ffrind Delme a mam Wil Brynbarre a "Mam Tŷ Top" bydde ni y plant yn ei galw. Roedd ymhell yn ei naw degau ac roeddwn wrth fy modd yn siarad gyda hi. Byddai wastad yn eistedd yn ei chadair wrth ymyl y tân ac ar ôl tipyn byddai cwmwl o fwg yn esgyn o ochor ei chadair. Roedd yr hen wraig yn smygu pib a doedd hi ddim am ddangos i ni y plant beth oedd un o'i phleserau.

Yn newyddion y Meinciau (*Journal*, Mawrth 26ain 1948) ceir yr hanes yma:

Mrs Evans, Tŷ Uchaf (mwy posh na *Tŷ* Top*), received a gift parcel from HRH* Princess *Elizabeth on attaining her 91st birthday.*

Aeth yr hen wraig ymlaen i fyw hyd nes iddi gyrraedd 98 oed.

Roedd llond twll o ofn y sipsiwn arna i. Roeddynt yn aros ar y mynydd gerllaw Garn Ganol yn flynyddol ac rwy'n meddwl mai dylanwad Peter a Peggy Davies, Storom Hill, oedd yn gyfrifol am y meddyliau negyddol hyn. Roeddem yn chwarae yn y cae gerllaw yr heol un diwrnod pan ddaeth cart y sipsiwn heibio. Dyma ni yn cuddio yn y clawdd a gwrando ar sgwrs y ddau yn y cart. Siarad Saesneg oedd y ddau a doedd dim syniad gyda crwt Torcefen beth oedd cynnwys y sgwrs ond roedd Peter a Peggy ychydig yn hŷn a dyma ofyn iddyn nhw am esboniad. "O," medde Peggy, "mae nhw yn gwybod bod plentyn yn byw yn y fferm yma a mae nhw yn mynd i 'gidnappo' fe rhyw ddiwrnod!"

Yna wrth gerdded adref o'r ysgol un diwrnod roedd 'na wynt cryf yn chwythu yn f'erbyn ac yn ddirhybudd hollol dyma cart y sipsiwn yn tynnu lan wrth fy ochr a'r ddau yn cynnig lifft i mi. Doedd dim modd dianc, felly lan i'r cart a bant â ni. Roedd y ddau yn ceisio cynnal sgwrs gyda fi, ond sgwrs gwbl un ochrog oedd hi. Yn gyntaf doeddwn ddim yn deall nhw'n siarad ac yn ail roeddwn yn ysu am fynd off y cart. Roedd yr hen geffyl yn hedfan wrth agosáu am Torcefen . . . daeth e i fi fel fflach . . . geiriau Peggy . . . dyma ni . . . mae'r diawled yn "cidnappo" fi! Doedd dim amdani ond neidio oddi ar y cart a rhedeg fel cath i gythraul i ddiogelwch y tŷ. Ychydig o flynyddoedd yn ddiweddarach gwnes i sylweddoli nad oedd gan y bobl garedig yma syniad ble roeddwn yn byw.

Yn 1953 bu rhaid i mi fynd i'r ysbyty yng Nghaerfyrddin, Stryd Priordy yr adeg honno, i dderbyn llawdriniaeth ar y pendics. Roedd rhaid i mi aros mewn am ddeuddeg diwrnod cyn cael dod allan. Y wobr am fod mor ddewr oedd cael mynd i aros yn fferm Parc y Bocs tu allan i Gydweli.

26

Cartref Margaret chwaer fy nhad, ei gŵr Elwyn a'r plant Janet a Susan oedd Parc y Bocs, ond beth oedd yn apelio i mi oedd y ffaith bod ganddynt deledu. Ces fynd yno penwythnos gêm derfynol cwpan Lloegr – Blackpool yn erbyn Bolton Wanderers. Stanley Mathews gyda Blackpool, Nat Lofthouse gyda Bolton. Roedd hi yn gêm fythgofiadwy gyda Blackpool yn ennill o 4 gôl i 3.

Erbyn yr Hydref roedd teledu gyda ni hefyd. Doedd dim llawer o gartrefi o gwmpas y pentref gyda theledu yr adeg honno ond fe gawsom un mewn amser i weld Cymru yn curo Seland Newydd. Roedd y parlwr yn orlawn pan ddangoswyd rhyw achlysur poblogaidd fel cwpan yr FA. Roedd Mrs Baldwin, cymydog i ni, ond yn wreiddiol o Flaenau Ffestiniog ac yn ddilynwraig selog a brwdfrydig o bêl-droed, yn cyrraedd yn gynnar er mwyn perchnogi y gadair orau. Byddai'r gemau rhyngwladol yn boblogaidd hefyd ond gydag amser daeth y teledu yn gyffredin i bron bob cartref.

Dim ond un peth rwy'n cofio o'r diwrnod cynta yn Ysgol Gwynfryn. Bu rhaid i finne a Vivian Jenkins, Brondeg, ymladd yn erbyn ein gilydd. Dau grwt yn dechre am y tro cynta a'r bechgyn hŷn yn ein gorfodi i ymladd. Pwy enillodd – dwy ddim yn cofio – neu falle mod i ddim am gofio ond mae un peth yn sicr daeth dim unrhyw rheolwr i gynnig *contract* i'r naill na'r llall! Rwy'n cofio hefyd y trip blynyddol o'r ysgol yn ystod tymor yr haf. Yr arferiad oedd trefnu trip ar gyfer nifer o ysgolion y cwm.

Ond mae addysg ac Ysgol Gwynfryn yn haeddu pennod i'w hun.

27

Capel Moreia

Ar y cychwyn cangen oedd Moreia o Bethel Llangyndeyrn. Cynhaliwyd y cyfarfodydd cynta yn nhŷ Thomasiaid Y Fan am dri o'r gloch ar brynhawn Suliau o 1812 hyd 1827, cyfnod o bymtheg mlynedd. Bedyddwyr oedd y bobol yma a chredir fod y Bedyddwyr yn fwy agored eu meddwl i gymharu â'r Methodistiaid, ond mater o farn yw hynny siwr o fod. Mae'n debyg fod ambell ymwelydd â Moreia oedd yn digwydd caru aelod o'r capel yn teimlo yn anghysurus iawn adeg y cymun ac yn cerdded allan gan nad oedd croeso iddo ymuno yn y cymundeb os nad oedd yn fedydd-iwr/wraig. Parhaodd hyn ymhell i mewn i'r ganrif ddiwethaf a gwae unrhyw ferch oedd yn disgwyl babi cyn priodi. Byddai rhaid iddi wynebu swyddogion y capel a wynebu'r posibilrwydd o gael ei diarddel. Doedd dim sôn am y bachgen oedd yn gyfrifol am ei gosod yn y fath sefyllfa yn y lle cyntaf. Dyma'r drefn yng nghapeli'r anghydffurfwyr – yr hen ddywed-iad Cymreig yn bodoli siwr o fod – hawl y bachgen yw gofyn a dylet-swydd y ferch yw gwrthod.

Roedd capel gan y Methodistiaid ar y Meinciau ers 1815. Y Wesleaid gododd y capel hwn ar dir Mrs Chamfred. Pwy tybed oedd y Mrs Chamfred yma? Pan godwyd y capel presennol yn 1886 teulu'r Stepneys roddodd y tir ar brydles o 99 mlynedd, sy'n awgrymu i mi fod Mrs Chamfred hefyd yn perthyn i'r Stepneys. Ond, beth bynnag, fe ddaeth y capel gwreiddiol i feddiant y Methodistiaid Calfinaidd. Bu annealltwriaeth rhyngddynt hwythau a'r adeiladwr ac aeth y capel, oedd heb ei lwyr orffen, ar werth.

Prynwyd ef am £60 ar gyfer y Bedyddwyr gan William Jenkins o ardal y Meinciau, ond ym Methel Llangyndeyrn roedd ef yn ddiacon. Mae'n debyg i John Evans Alltycadno roi £10 tuag at y treuliau a derbyniwyd £500 yn ychwanegol oddi wrth ei weddw yn dilyn ei farwolaeth.

Wedi gorffen y gwaith tu fewn a'i wneud yn addas ar gyfer addoli fe'i agorwyd ar ddydd Iau, Hydref 4ydd 1827. Yn 1861 fe'i ailagorwyd gyda mwy o seddau ac yna ar Awst 27ain a'r 28ain 1886 fe agorwyd capel newydd Moreia. Pensaer y capel newydd oedd George Morgan. Wrth gerdded tuag at y capel a sylwi ar y tri bwa maen o gwmpas y mynedfa ceir ymdeimlad o gadernid.

Mae hanes Moreia wrth gwrs ynghlwm wrth weinidogaethau'r eglwys ac isod ceir amlinelliad byr o'r gweinidogion hynny. Ceir adroddiad mwy cynhwysfawr yn llyfr *Braslun o Hanes Moreia, Meinciau, 1827-1965*, gan y Parch. W. J. Rhys.

Y GWEINIDOGION

James Davies, 1827-1849

James Davies oedd gweinidog cynta Moreia. Brodor o Sir Benfro oedd James Davies a anwyd yn 1768 ym Mynach Meudwy, Plwyf Clydau. Yn 1819 daeth yn weinidog ar Bethel, Llangyndeyrn, lle bedyddiodd naw deg naw mewn pymtheg mis. Yna, yn 1827, fe ddaeth yn weinidog ar Moreia yn ogystal a chafwyd deng mlynedd o fywyd heddychlon, ond fe chwalwyd yr heddwch hwn tua diwedd 1836 pan aeth D. Williams, Pontantwn, a nifer gydag ef i addoli ym Mhonthenri. Arweiniodd hyn at adeiladu capel Bethesda ar dir a gafwyd gan W. Chambers, Llanelli. Tua phymtheg o bobol aeth o Moreia i Bonthenri ond cyn hir fe ddaeth saith ohonynt nôl i Moreia. Bu popeth yn dawel eto tan 1848 pan ddaeth y Mormoniaid i'r ardal. Er i nifer ymuno â'r newydd ddyfodiaid derbyniodd James Davies lawer o aelodau newydd.

Mae yna stori, meddai y Parch W. J. Rhys, i'r capel wahodd Harri Evans, llifiwr o Gaerfyrddin, i fedyddio nifer o aelodau newydd un bore Sul gan fod James Davies erbyn hyn yn hen ac yn byw yn Rhydargaeau. Ym Mhont-antwn roedd y bedydd ac yn ôl yr arfer roedd torf wedi casglu ynghyd. Fodd bynnag, pwy ymddangosodd ond y dyn ei hun, sef James Davies. Mae'n debyg iddo siomi a phwdu. Trodd ben y ceffyl a mynd sha thre.

Bu farw ar Fai 16eg 1860 yn 92 ac fe'i claddwyd yn Rhydargaeau.

John Williams, 1854-1859

Yn ôl W. J. Rhys roedd John Williams yn debyg i'w ragflaenydd o safbwynt ei ysbryd cenhadol. Dyna a'i sbardunodd i fynd yn genhadwr yn ddiwedd-arach. Codwyd John Williams yn Felinfoel a bedyddiwyd ef yng nghapel Adulam yn 12 oed yn 1836.

Urddwyd ef ar yr 8fed a'r 9fed o Fehefin yn Llangyndeyrn a'r Meinciau.

Dechreuwyd Cymanfa Ganu yn y cylch o gwmpas 1843 ac fe gymhellodd John Williams Bethel, Moreia a Choedybrain i gynnal Cymanfa Ysgolion ar ddydd Nadolig gan dorri tir newydd felly. Roedd John Williams o anian llenyddol a dechreuodd ysgrifennu cyfres o ysgrifau ar "Hanfod Crefydd" yn Ebrill 1857.

Mae Cyfrifiad Grefyddol 1851 yn ddiddorol iawn ac yn cynnwys sylwadau Ficer Cydweli, Thomas Griffiths:

> . . . *Lords day in this Town is but very little regarded as a day for spiritual worship (pub)lick houses are allowed to be open, and frequented during Divine Service. Publick (hou)ses are very numerous in this place, and even the Town Clerk keeps a . . . publick house. Often time on the Lord's day we are not only able to hear cursing and . . . once swearing in our streets, but frequently we see most brutal fighting, and . . . (n)otice taken therof by the authority of theTown. This is the cause why places(of wor)ship are so little frequented and religion so little appreciated and professed at Kidwelly.*

Yn ôl y Ficer roedd Cydweli yn lle i'w osgoi ar y Sul. Dwy ddim yn meddwl bod Cydweli yn wahanol i nifer o lefydd eraill ar hyd a lled Cymru. Roedd y tafarndai ar agor ar y Sul yr adeg honno ac wyth mlynedd yn ddiweddarach cafwyd diwygiad 1859. Rwy'n amau pa mor gywir oedd y cyfrifiad hwn Enwir y capel ar y Meinciau fel Soar Minkau a godwyd yn 1837. Mae'n sôn am yr ysgol ddyddiol oedd yn bodoli yno. Roedd 40 yn mynychu'r Ysgol Sul yn y bore, 150 yn y prynhawn a 50 yn y cwrdd gweddi am 6.00. Ar gyfartaledd am y flwyddyn y rhifau oedd 70 yn y bore, 180 yn y prynhawn a 50 yn yr hwyr. Derbyniwyd yr wybodaeth ar gyfer y cyfrifiad oddi wrth David Lewis y Fan, diacon yn y capel.

Yn 1859 aeth John Williams yn genhadwr i India; mae hanes y fordaith yn *Seren Gomer*, 1860. Treuliodd ugain mlynedd yn y gwaith – yn traethu'r efengyl yn ardaloedd Chitaurah, Muttra ac Agra. Ond roedd iechyd John Williams braidd yn fregus a dychwelodd am seibiant yn 1875 a phedair blynedd yn ddiweddarach, yn 1879, bu rhaid iddo ymddeol oherwydd cyflwr ei iechyd.

Daeth nôl i Gymru a bu farw yn Abertawe yn 1880 ac yntau ond 56 mlwydd oed.

Thomas John, 1860-1863

Mab i John a Mari John, Llain-wen, Blaenconin, Sir Benfro, oedd Thomas John. Ganwyd ef yn 1833 ac fe'i bedyddiwyd pan oedd yn dair ar ddeg mlwydd oed yn 1846 gan John Evans gweinidog Blaenconin. Derbyniodd Feibl am adrodd y nifer mwyaf o adnodau o fewn cyfnod arbennig. Gwnaeth ddefnydd, meddai W. J. Rhys, o'r anrheg yma gan gadw cwrdd bach gartref i'r plant eraill oedd yn iau nag ef, pan fyddai'r rhieni yn mynychu cyfarfodydd ar nos Suliau. Ond bu tad a mam Thomas farw yn lled agos i'w gilydd a'r chwaer, yr hynaf o bump o blant, edrychodd ar eu hôl. Ond yn anffodus bu hithau farw yn fuan wedyn. Felly, Thomas, fel y nesaf at y chwaer, oedd â'r cyfrifoldeb o fagu'r teulu. Fe ddysgodd Thomas a'i frawd Owen grefft eu tad, sef trin coed.

Aeth Owen yn ei dro i'r weinidogaeth a bu'n weinidog ym Methesda, Ponthenri. Ordeiniwyd Thomas yn Llangyndeyrn a'r Meinciau ar Fai 15fed a'r 16eg 1860. Roedd diwygiad yn y wlad ar y pryd a derbyniwyd llawer o aelodau newydd yn y ddwy eglwys. Helaethwyd Moreia ac ail-agorwyd y capel ar Hydref 21ain 1861. Casglwyd £100 punt cyn yr agor-iad a £60 yn ystod yr ŵyl gan adael dim ond £40 o'r gost heb ei thalu. Cododd aelodaeth Moreia o saith deg i gant pedwar deg yn ystod y tair blynedd y bu Thomas John yno.

Gadawodd gapel y Meinciau am Ynys Lwyd, Aberdâr, ac aros yno am bedair blynedd ar ddeg. Yn 1872 cyhoeddodd gasgliad o emynau o waith gwahanol awduron. Ym Mehefin 1874 daeth yn ôl i fyw yn Llandre, Llangyndeyrn. Priododd pan oedd dros ei ddeugain oed ond er hyn fe gafodd ddeg o blant. O 1877 hyd 1882 bu yn Seilo, Tredegar, ac wedyn yn Ffynnonhenri a Rhydargaeau am bedair blynedd ar bymtheg. Yn ogystal, roedd yn ffermio yn Yet y Ffin ac wedi ymddeol yn 1901 bu'n cadw tyddyn bychan Ffynnoneiddon, Llandyfaelog, am ddeuddeg mlynedd.

Yng Nglan y Fferi treuliodd ei flynyddoedd olaf a bu farw ar Chwefror 26ain 1920 ac fe'i claddwyd yn Llangyndeyrn.

William Davies, 1866-1870

Ganwyd ef yn Nant y Glo, Sir Fynwy, yn 1839 yn fab i weithiwr haearn. Ef oedd yr hynaf o bump o feibion. Dechreuodd yn y weinidogaeth yn Witton Park, Durham. Fe symudodd y teulu yno beth amser cyn hynny a dyna paham y bu i'w frawd iau, Thomas, fabwysiadu Witton yn ail enw. Ordeiniwyd William Davies ym Methel a Moreia ar Awst y 7fed a'r 8fed 1866. Mae W. J. Rhys yn ei ddisgrifio fel dyn distaw a diwyd.

31

Bu yn weinidog ym Moreia am bedair blynedd cyn symud i Brierley Hill, Zion, Glyn Ebwy, yn 1870; Llanthewy yn 1876; Jarrow yn 1879, ac yna aeth am saith mlynedd ar hugain i Langwm, Sir Benfro. Bu farw ar Fedi 13eg 1925 yn 86 oed ac fe'i claddwyd yn Noddfa Abersychan.

William Jones, 1872-1882

Yn 1848 ganwyd William Jones yn fab i fwynwr plwm. Ganwyd ef yn Lerpwl ond ym Mhenrhyncoch, Sir Aberteifi, y magwyd ef. Yn ddeng mlwydd oed roedd yn gweithio yn y mwynfeydd plwm yn agos i'w gartref. Pan oedd yn ddeuddeg oed fe'i bedyddiwyd ym Mhenrhyn Coch. Derbyniwyd ef i Athrofa Llangollen yn Ionawr 1871 ac fe aeth yn syth o'r coleg yn weinidog i Bethel a Moreia. Yn ôl W. J. Rhys fe arhosodd y pregethwr pengoch, bochgoch a'r gwallt cyrliog yma am ddeng mlynedd. Urddwyd ef ar Awst 13eg a'r 14eg 1872.

Tua 1877 adeiladwyd capel cyntaf Salem Pedair Heol oherwydd mewn tai y cynhaliwyd yr Ysgol Sul a'r cyrddau gweddi oddi ar ddyddiau Thomas John.

Ar Chwefror 18fed 1880 yn Seion, Llanelli, fe briododd William Jones weddw o Gydweli o'r enw Elizabeth Thomas. Tua diwedd 1882 symudodd i Eldon Street, Llundain, cyn dychwelyd i Frynhyfryd, Treharris. Ymddeolodd yn 1923 ond arhosodd yno tan ei farwolaeth ar Ebrill 23ain 1930 yn 82 mlwydd oed. Yn ystod yr amser y bu yn Treharris bedyddiodd 580, cyhoeddodd gyfrol ar ddirwest ac anrhydeddwyd ef â Chadair Cymanfa Dwyrain Morgannwg.

Morgan Thomas Rees, 1884-1894; 1899-1935

Bu M. T. Rees yn weinidog ym Moreia am 49 o flynyddoedd – yr unig weinidog i farw tra'n arwain ei braidd ym Moreia. Roedd yn fab i Thomas ac Esther Rees. Ganwyd ef ar Ebrill 6ed 1860 yn fferm Bryn Mawr ger-llaw Baran, Capel yr Annibynwyr, lle roedd ei fam yn aelod. Bedyddiwyd M.T. yn bymtheng mlwydd oed yn Salem Llangyfelach.

Gweithiodd fel gof yng ngwaith glo Craig Cwm ger Craigcefnparc. Bu hefyd yn gweithio yn ardal Porthyrhyd, Llansadwrn ac yna yn ardal Hengoed. Yn 1880 aeth i ysgol baratoi John Evans yn Llansawel ac yna yn 1881 aeth i Athrofa Llangollen.

Ar ddiwedd ei gwrs aeth M.T. a nifer o'i gyfoedion i nofio yn afon Dyfrdwy. Yn anffodus aeth un o'i ffrindiau, David Davies, i drafferthion ac er i M.T. neidio i mewn i'r afon a cheisio ei orau i'w achub – boddi wnaeth ei ffrind.

Ar ddydd Sul a dydd Llun, Ionawr 13eg a'r 14eg, 1884, ordeiniwyd M. T. Rees a'i sefydlu yn weinidog ar Moreia Meinciau a Bethel Llangyndeyrn. Yn fuan wedi cyrraedd y Meinciau ymdaflodd ati i sefydlu cymdeithas ddirwestol a'r ddau gyntaf a wirfoddolodd oedd Harriet Thomas, Y Van, a'i phriod, John Thomas, diacon ym Moreia. I gadw'r ieuenctid rhag crwydro ar gyfeilion ffurfiodd Fife Band. Ar Fawrth y 9fed 1886 priododd Sarah Ann Hughes, merch siop Penybont, Llangollen, yn y Tabernacl Llandudno.

Agorwyd capel newydd Moreia ar Awst 27 a'r 28ain, 1886, gyda 234 o aelodau. Adeiladwyd y capel newydd yn wynebu'r gogledd, yn wahanol i'r hen gapel oedd, mae'n debyg, yn wynebu'r gorllewin. Cafwyd tywydd ffafriol, cynulleidfaoedd mawr, pregethu nerthol ac yn ystod yr ŵyl casglwyd £400 i dalu am y capel a gostiodd yn agos i £1,200. Cyn pen dim cliriwyd y ddyled a gan fod yr hen festri wedi gweld amser gwell adeiladwyd festri newydd ar droad y ganrif.

Cyn hir roedd gan M. T. Rees bum capel – Moreia, Salem Pedair Heol, Bethel Llangyndeyrn, Pisgah Bancffosfelen, a Seilo Carwe. Bu rhaid rhannu'r weinidogaeth ac ar ôl hir ddyfalu a phendroni dewisodd weinidogaethu ar Moreia, Salem a Seilo. Symudodd M.T. a'i wraig o'u cartref ym mhentref Crwbin i Green Hall, Pedair Heol.

Adnewyddwyd y fedyddfa ym Moreia yn 1894 ac yn ystod yr un flwyddyn derbyniodd y gweinidog alwad i Soar Penygraig ac fe'i sefydlwyd yno ar ddydd Sul a Llun y Pasg. Fodd bynnag, dim ond am ddwy flynedd a hanner y bu yno oherwydd bod ei wraig yn hiraethu am Green Hall a'r ardal. Roedd hi'n methu ag ymgartrefu yn y Rhondda a phan glywodd aelodau Moreia am hyn dyma fynd ati i gynnig galwad yn ôl iddo. Ar ddydd Llun, Hydref 2ail 1899, cyhaliwyd gwasanaeth i'w croesawu a chafodd y ddau groeso twymgalon.

Yn 1924 cychwynwyd Cymdeithas Ddiwylliadol yn y capel. Roedd hon yn gam ymlaen i feithrin talent ac i annog diddordeb ymhlith yr ifanc. Bu canmol ym mhapur y *Mercury* i'r penderfyniad a sialens i gapeli yr ardal i ddilyn esiampl Moreia. Tybed a wnaethpwyd hyn yn sgîl yr hyn ddigwyddodd yn Eisteddfod Meinciau yn 1923? Ceir yr hanes yn y bennod ar yr Eisteddfod. Defnyddiwyd y Festri newydd yn ystod streic y glowyr fel cegin gawl ac elwodd lawer o'r trefniadau.

33

Rhodie Williams a'i nith Sian Morgan
wrth fedd M. T. Rees yn Llandudno.

Bu M. T. Rees yn weinidog ym Moreia a'r ardal tan ei farwolaeth yn Llandudno ar Fehefin 19eg 1935. Bu'n gyfnod llewyrchus iawn o safbwynt cynnydd yn yr aelodaeth yn ogystal â natur y weinidogaeth. Pan bu farw roedd 402 o aelodau ym Moreia.

Herbert Davies, 1937-1939
Bachgen o Bandy'r Capel, Gogledd Cymru, oedd Herbert Davies. Bu'n gweithio yn y banc am gyfnod gan ymgartrefu yn Llundain. Ond yn 1931 aeth i Athrofa Caerfyrddin. Yn 1937 fe'i ordeiniwyd ym Moreia a Salem Pedair Heol. Herbert Davies oedd y cyntaf i'w ordeinio ym Moreia gan mai ym Methel Llangyndeyrn yr ordeinwyd y gweddill.

Mae sôn iddo fod yn dipyn o focsiwr yn ei ddydd a dywedir iddo gydio yn un o ddiaconiaid Moreia a'i gario allan, yn llythrennol, o gyfarfod diaconiaid ar ôl iddo gael ei gythruddo. Ond, y Sul canlynol roedd y ddau yn ffrindiau unwaith eto. Yng nghyfnod Herbert Davies daeth trydan i'r capel.

Ar ôl priodi bu Herbert Davies a'i wraig yn byw ym Mlaenyfan, cartref Phil Thomas, ac fe awgrymodd Herbert y byddai'n syniad da i Moreia adeiladu cartref i'r gweinidog. Yn sgîl yr awgrym hwn fe roddodd Phil Thomas ddarn o dir i'r capel a dyna lle codwyd y Mans. Ond cyn i'r Mans fod yn barod fe symudodd y pâr ifanc ym Mawrth 1939 i'r Woodlands, Birkenhead.

D. J. Richards, 1940-1941

Cyn iddo ddod i Moreia a Salem yn Ionawr 1940 bu D. J. Richards yn weinidog yn Llan-fair ym Muallt am saith mlynedd a hefyd am dair blynedd yn Emanuel, Llanelli. Fel ei ragflaenydd, byr iawn fu ei arosiad gan iddo dderbyn galwad i eglwysi Norton Street, Trefyclo, a'r Betws yn yr hen Sir Maesyfed.

Parch. D. J. Richards.

Serch hynny, cafodd dipyn o lwyddiant yn yr amser y bu yma gan fedyddio pedwar ar hugain yn Salem a saith ym Moreia yn ystod ei flwyddyn gyntaf. Bedyddiwyd rhagor yn ystod ei ail flwyddyn. Roedd ef a'i wraig yn weithgar dros ben ac yn uchel iawn eu parch, ond erbyn diwedd Tachwedd 1941 roedd y ddau ar eu ffordd i gyffiniau Trefyclo.

Yn 1940 derbyniodd y capel rodd o organ gan Mary Ann (Nancy) Jenkins (gynt Morris), Aberystwyth, un o blant Henry a Harriet Morris. Bu'n organ a roddodd wasanaeth ffyddlon hyd nes y cafwyd yr organ presennol yn 1963.

Dewi Davies, 1942-1949

Dewi Davies oedd y gweinidog cyntaf rwy'n cofio ym Moreia ac wrth ddarllen ei hanes gan y Parch. W. J. Rhys mae'n amlwg y ganwyd y gŵr hwn i'r weinidogaeth. Pan oedd yn blentyn pregethai gyda'i chwaer yn gynulleidfa iddo a'r capel oedd llecyn ger afon Gwyddil yn ardal Pen-cader lle cafodd hefyd ei fedyddio yn ddeuddeg mlwydd oed.

Bu'n glerc i gontractiwr am ychydig amser. Yn dilyn hyn aeth i weithio gyda gwerthwr nwyddau yng Nghaerfyrddin ond troi tuag at y weinidog-aeth wnaeth yn y diwedd ac yn Hydref 1930 dechreuodd ar ei gwrs yng

Ngholeg Diwinyddol, Caerfyrddin. Yn ystod ei gwrs enillodd ysgoloriaeth Dr. Williams gwerth deg punt y flwyddyn a chyflawni'r gamp hon fwy nag unwaith yn ystod ei bedair blynedd yn y coleg.

Mae'n debyg iddo dderbyn tair galwad pan adawodd y coleg ond ateb yr alwad i Dreorci a wnaeth yn y diwedd. Ordeiniwyd Dewi Davies yn 1934 ac yn fuan wedyn atebodd alwad arall, sef priodi Annie Rees o Bencader. Ganwyd un plentyn iddynt, sef Gwenda. Yn 1942 derbyniodd y gwahoddiad i ddod yn weinidog i Moreia Meinciau a Salem Pedair Heol. Fe'i sefydlwyd ym Mis Medi ac yn ystod ei deyrnasiad bedyddiodd 76 ym Moreia ac o gwmpas 50 yn Salem.

Roedd yn hynod o boblogaidd ac yn arweinydd effeithiol tu hwnt i'r Gymdeithas Ddiwylliannol. Serch hynny, ac er ei lwyddiant ysgubol yn y ddau gapel, fe symudodd i gapel Moreia Llanelli yn 1949. Cynhaliwyd y cwrdd ffarwelio ym Moreia nos Sul, Mehefin 16eg, gyda John Lloyd, y diacon hynaf, yn llywyddu.

Roedd sôn amdano pan oedd yn weinidog yn Llanelli yn gwrthwynebu chwaraeon ar y Sul ac yn protestio tu allan i Barc y Strade pan oedd Morgannwg yn chwarae criced yno ar y Saboth.

T. Elwyn Williams, 1950-1957

Ganwyd Elwyn Williams yng Nghaergybi ar Ynys Môn yn 1922. Cefais y cyfle i'w gyfweld Mis Mawrth 2009 yn ei gartref yn Hwlffordd.

M.T. – Beth wnaeth eich ysbrydoli i fynd mewn i'r weinidogaeth?

E.W. – Cefais fy magu ar aelwyd Capel Hebron Caergybi er i mi yn gynnar iawn fynd gyda ffrindiau i Ebeneser, capel y Methodistiaid, ond pan oeddwn tua thair ar ddeg mlwydd oed mynd yn ôl wnes i at y Bedyddwyr yn Hebron. Fe ddechreuais fynychu'r oedfaon i gyd a chefais fy medyddio pan oeddwn yn bymtheg oed. Yna, teimlo mod i am fynd i'r weinidogaeth ac fe'm codwyd i'r weinidogaeth gan y gweinidog y Parch. W. H. Davies.

Fel oedd yn arferol yn y cyfnod hwnnw roedd yn rhaid i'r ymgeisydd am y weinidogaeth sefyll arholiad yr Undeb. Fe lwyddais ac euthum yn fyfyriwr i ysgol addysgu yn Rhosllannerchrugog. Yna, yn ddeunaw oed mynd i Goleg y Bedyddwyr yng Nghaerdydd a bûm yno am dair blynedd. Treuliais amser difyr iawn yn y coleg ac roeddwn yn aelod selog iawn o'r tîm pêl-droed.

36

M.T. – Yna derbyn galwad i Aberpennar?

E.W. – Wel ie! Derbyn galwad i Ffrwd, Aberpennar, yng nghanol y cymoedd, ardal dipyn yn wahanol i Gaergybi. Ond cyn dechrau fy ngyrfa fel gweinidog priodi Enid Evans yn Hebron ym mis Hydref 1945 gyda'r Parch. Huw Thomas ac eraill yn gwasanaethu. Un o ferched Hebron oedd Enid a chawsom ein bedyddio yr un pryd. Roedd yn bwysig cael gwraig oedd yn wraig gweinidog – mae'n gwneud pethau llawer yn haws ac, wrth gwrs, roedd Enid yn wraig gweinidog go iawn! Ymhen dwy flynedd ganwyd merch fach i ni, sef Eleanor Môn. Bûm yn weinidog yn Aberpennar am bron pum mlynedd cyn i mi dderbyn galwad i Fanceinion. Derbyniais yr alwad honno ac roeddwn wedi bod i fyny yn pregethu yno. Ar y Sadwrn hwnnw derbyniais gynnig gan ysgrifennydd ariannol y capel i fynd i weld Stanley Mathews yn chwarae i Blackpool yn erbyn Manchester City a gwylio'r gêm o flwch y cyfarwyddwyr. Rwy'n ei gofio ef yn sôn wrthyf ei fod yn un o gyfarwyddwyr tîm pêl-droed Manchester City. Os wnawn dderbyn yr alwad fe addawodd y byddwn yn derbyn tocyn tymor am ddim bob blwyddyn ac yn medru dilyn pob gêm, gartref ac oddi cartref, o safle blwch y cyfarwyddwyr. Fel dyn pêl-droed roedd hyn yn dipyn o demtasiwn. Ond nôl yn Aberpennar mynd am dro gyda'r Parch. S. J. Leek un nos Sul ar hyd yr afon ac yntau yn mynegi mai camgymeriad fyddai mynd i Fanceinion. Aeth ymlaen i ddweud mai pobl Sir Fôn a Chaernarfon oedd trwch y cynulleidfaoedd yn y capel ym Manceinion ac erbyn hyn, meddai, roedd yr allforio yma ar ben a mynd ar ei waered fyddai hanes y capel. Felly, Moreia Meinciau a Salem Pedair Heol oedd y cam nesaf.

M.T. – Pa argraff wnaeth Meinciau arnoch pan ddaethoch chi yma?

E.W. – Mynd y tro yma o ardal lofaol i bentref ffarmwriaeth, er bod Meinciau yng nghanol ardal lofaol Cwm Gwendraeth. Symud i'r Mans a chael croeso arbennig gan bawb. Treuliwyd amser difyr dros ben a gwneud ffrindiau gydol oes. Roeddwn wrth fy modd yn mynd ar y beic i helpu ambell i ffermwr gyda'r cynhaeaf gwair.Yn ystod y cyfnod hwn ganwyd merch fach arall i ni, sef Eunice Môn.

Dod ar draws nifer o gymeriadau ac un cymeriad rhaid sôn amdani yw Miss Margaret Walters. Festri'r capel oedd ei chartref ac roedd yn cadw coelcerth o dân a phawb yn cael eistedd o flaen y tân hwnnw a byddwn yn cael cwpaned o de bob amser. Rhaid hefyd twymo'r cwpan gyda dŵr berwedig cyn arllwys y te. Pan fyddai gwasanaeth bedydd fe fyddai Miss Walters yn cario bwcedi o ddŵr twym i gynhesu'r dŵr yn y fedyddfa. Hyn er mwyn gwneud y profiad yn fwy dymunol i'r gweinidog! Rwy'n cofio flynyddoedd yn ddiweddarach pan oeddwn lawr yma yn Sir Benfro ac yn mynd i bregethu i rywle yng Nghwm Tawe. Penderfynu galw i weld Miss Walters yn y Festri. Doedd hi ddim yno; felly, mynd draw i'w chartref – lle roedd yn cysgu. Curo wrth y drws ond methu cael ateb. Mynd nôl i'r car ond penderfynu ceisio unwaith eto a chael ateb y tro yma. Doedd yr iechyd ddim yn dda iawn ond rhaid oedd derbyn cwpaned o de a theisen, a dyna'r tro ola i mi ei gweld.

Drws nesaf i'r capel oedd Tafarn y Black. Ond bobl y capel oedd yn mynychu'r Black hefyd ac wrth gwrs roedd teulu'r Black yn aelodau ffyddlon ac yn gymwynasgar tu hwnt i ni yn y Mans, fel yr oeddynt i bawb arall. Pobl capel oedd trigolion y Meinciau a gwelwyd hyn ym mhob gwasanaeth, gyda chynulleidfa dda yn bresennol o Sul i Sul.

Roedd rhes o dai gwyngalch ar y sgwâr a Siop Ley yn un ohonynt. Rwy'n cofio Siop Ley gyda anwylder – roedd yn fan cyfarfod fel oedd y llecyn wrth y pwmp dŵr ochr draw i'r siop a gerllaw y ffynnon fedydd. Roedd y llythyrdy yn ganolfan hefyd a fanno roedd yn bosib cael hanes pawb! Roedd Cwar y Fan yn cynnig gwaith i nifer a phetai yn medru siarad fe fyddai yn medru dweud llawer am helyntion y fro.

Bob nos Nadolig cynhaliwyd y Gymanfa Bwnc ond yn anffodus doedd y noson ddim yn boblogaidd gan bawb oherwydd mai ar nos Nadolig y cynhelid hi ac, yn anffodus, fe ddiflannodd o ddigwyddiadau'r flwyddyn.

M.T. – Roeddech yn dipyn o bêl-droediwr ac wedi cael cynnig i droi yn broffesiynol a chwarae i Gaerdydd. A wnaethoch chi ystyried chwarae i Meinciau Rovers?
E.W. – Cefais sawl cynnig! Ond rwy'n ofni petawn wedi derbyn y cynnig byddai nifer yn y capel ddim yn teimlo'n hapus.

M.T. – Byddai'r sefyllfa yn wahanol heddi?
E.W. – Byddai! Ryn ni'n byw mewn byd gwahanol.

M.T. – Oedd hi yn anodd gwrthod y cynnig i chwarae yn broffesiynol?
E.W. – Roeddwn am fynd i'r weinidogaeth a doedd y ddau beth ddim yn mynd gyda'i gilydd. Roeddwn yn chwarae yn gyson i'r coleg ac ambell

i gêm i ail dîm Caerdydd. Mwynhad oedd chwarae, a dim byd yn fwy, ond pan oeddwn yn weinidog ym Moreia roedd y cae pêl-droed drws nesaf i'r capel ac wrth gwrs fe fyddwn wedi bod wrth fy modd yn chwarae ond, dyna ni, ar y pryd roeddwn yn teimlo mai gwell oedd peidio.

Pan oeddwn yn fyfyriwr bûm yn chwarae dros dîm coleg Caerdydd mewn gêm derfynol ym Mangor. Fe sgoriais gyda mhen i wneud y sgôr yn 1-1 ond llwyddodd un o fechgyn y gwrthwynebwyr ddodi'r bêl yn ein rhwyd ond drwy dwll oedd ar ochr y rhwyd. Doedd hi ddim yn gôl ond fe gredodd y dyfarnwr fod yr ergyd yn gôl go iawn ac fe gollon ni 2-1. Yn dilyn y gêm cydiodd un o fechgyn ni yn y dyfarnwr a dweud wrtho: "Yli y goliwog, petawn ni'n agosach i'r Fenai byddwn yn taflu ti mewn!"

Yn y gêm honno cefais ergyd ar fy llygad nes iddi edrych yn ofnadwy. Roedd hyn ar y Sadwrn a'r Sul canlynol roeddwn yn pregethu gartref yn Hebron. Cafodd y gynulleidfa dipyn o fraw wrth weld cyflwr y pregethwr ifanc, a dyna'r tro diwetha i mi chwarae.

M.T. – Chi'n dal i bregethu – beth am y sefyllfa heddi?
E.W. – Rwy'n dal i fynd o gwmpas ond beth sy'n bod arnom ni yng Nghymru heddiw dywedwch? Rwy wedi pregethu yn ddiweddar a dim ond dau yn y gynulleidfa. Mae'n anodd creu awyrgylch pan mae'r gynull-eidfa mor fach. Mae llawer o'r bai ar y rhieni – dim yn annog eu plant i fynd i'r capel – mae diffyg disgyblaeth yn amlwg. Rwy'n dal i gael mwynhad, yn enwedig wrth baratoi pregethau.

Ond rwy'n ein gweld ni yn mynd yn fwy o gapelwyr yn hytrach na chrefyddwyr. Mae pobl, sy ddim yn mynychu lle o addoliad, yn gweld hyn yn aml.

Yn 1957 derbyniodd Elwyn Williams alwad i Galfaria Penygroes, pentre glofaol yn Sir Gaerfyrddin, ac fe symudodd y teulu i fyw i'r pentre. Treuliwyd chwe blynedd hapus yno a dyna lle cafodd Eleanor ei bedyddio. Yna daeth gwahoddiad i fynd yn weinidog i Groesgoch a Threfin yn Sir Benfro, lle bedyddiwyd Eunice. Gwasanaethodd wedyn yn Login a Chwmfelin Mynach cyn symud i Adulam Felinfoel a Salem Llangennech, lle bu o 1979 hyd 1998 pan ymddeolodd a symud gydag Enid i Hwlffordd er mwyn bod yn gymharol agos at y merched a'u teuluoedd.

Ieuan Gwyn Davies, 1958-1979

Ganwyd Ieuan Gwyn Davies yn fab y Mans ym Mhontlliw yn 1914 ond pan dderbyniodd ei dad, D. H. Davies, yr alwad i Galfaria Llanelli symudodd y teulu i dre'r Sosban. Yn ddeuddeg oed fe'i bedyddiwyd gan ei dad. Fe ddechreuodd bregethu yn y capel ac fe astudiodd yng Ngholeg Diwinyddol Caerfyrddin cyn derbyn galwad i Salem Senghenydd yn 1941. Priododd Winifred Thomas, merch Plas Gwynne, Croesyceiliog, Caerfyrddin, yn 1942. Roedd Winifred yn fodryb i Dr Alan Williams, cyn aelod seneddol Caerfyrddin.

Ei eglwys gyntaf oedd Salem Senghenydd a chafodd ei ordeinio yno ar Hydref 16eg 1941. Yn Ebrill 1945 fe'i sefydlwyd yn Eglwys Gwawr, Aberaman. Bu yno tan iddo symud i Moreia Meinciau a Salem Pedair Heol yn 1958. Yn y flwyddyn 1959 agorwyd y fynwent newydd ar dir a roddwyd yn rhodd gan un o'r diaconiaid, sef Edgar Williams, ac yn 1960 fe ymddeolodd Verina Davies fel organyddes, yn dilyn deugain mlynedd o wasanaeth.

Roedd I.G. o bersonoliaeth addfwyn ac wrth ei fodd yng nghwmni ieuenctid y capel. Roedd Cymdeithas y Bobol Ifanc yn gryf iawn, gyda chynulleidfa luosog yn cwrdd ar nos Iau unwaith y mis. Byddai'r nosweithiau hyn yn denu ieuenctid nad oedd yn aelodau ym Moreia ac yn sicr roedd hyn yn dweud cyfrolau am lwyddiant y nosweithiau. Byddai rhaglen amrywiol bob blwyddyn – cinio yn y Boar's Head yng Nghaerfyrddin ac ambell drip cofiadwy yn dod i'r cof. Hyn i gyd oherwydd diddordeb ac arweiniad y gweinidog. Rwy'n cofio hefyd trip i Barc Ninian, Caerdydd, i weld y gêm rhwng Caerdydd ac Arsenal a gwylio'r enwog Walley Barnes yn chwarae dros yr ymwelwyr. Daw i'r cof hefyd dripiau i lefydd fel Rhyl, Ogofau Cheddar, Worcester a Sŵ Bryste. Yn aml iawn y bobl ifanc oedd yn trefnu'r tripiau yma – profiad arbennig ac yn dangos y ffydd oedd gan y gweinidog yn y criw.

Yn 1965 dathlwyd canmlwyddiant Moreia. Er i'r hen gapel gael ei adnewyddu yn 1861 ac i'r capel newydd agor yn 1886 roedd y canmlwyddiant yn dathlu corfforiad Moreia yn 1865 yn un o eglwysi Gymanfa Sir Caerfyrddin. Roedd y Gymanfa yn bod cyn ffurfio Undeb Bedyddwyr Cymru yn 1866. Cafwyd dathliad teilwng iawn. Bore Sul, Medi 19eg, cafwyd oedfa gofiadwy gan y bobol ieuainc gyda Mrs Davies y Mans yn llywyddu. "Y Blwch Enaint" gan Trebor Lloyd Evans oedd y gwaith a gyflwynwyd ac roedd 28 o bobol ifanc yn cymryd rhan, gyda Margaret

Y gynulleidfa yn ystod un o gyfarfodydd dathlu canmlwyddiant y capel, 1965.

Walters wrth yr organ. Prynhawn Sul roedd Cyfarfod y Plant gyda I.G. yn llywyddu ac Elsbeth Beynon wrth yr organ. Adeiladu'r Eglwys oedd thema'r cyfarfod ardderchog hwnnw. Nos Sul daeth y ddwy ferch eglwys, Salem Pedair Heol a Seilo Carwe, i ymuno yn oedfa'r hwyr gydag I.G. yn gwasanaethu. Derbyniodd 270 y cymun yn y gwasanaeth. Nos Lun cafwyd cyfarfod pregethu gyda'r Parch. Neville James, Ponthenri, yn cymryd y rhannau arweiniol, y Parch. Herbert Davies, cyn weinidog, yn pregethu a'r Parch. Griffith Harries, Crwbin, yn rhoi y fendith. Dydd Mawrth roedd y capel yn orlawn ar gyfer y cyfarfod dathlu. Y Parch. I. G .Davies oedd yn llywyddu a'r Parch. W. J. Charles, Ponthenri, yn ymgymryd â'r rhannau arweiniol. Wedi anerchiad y llywydd cafwyd braslun o hanes y capel gan y Parch W. J. Rhys, brawd M. T. Rees. Roedd merch M. T. Rees, Mrs Olwen Williams, yn bresennol yn yr oedfa. Cafwyd cyfarchion gan nifer o gyfrannwyr. Daeth y dathliadau i ben gydag oedfa'r hwyr a'r capel eto dan ei sang yn ôl *Seren Cymru.* Cymer-wyd y rhannau arweiniol gan y Parch. Eilir Richards, Bancffosfelen, a phregethwyd yn afaelgar gan un o blant Moreia, sef y Parch. Inwood Jenkins a hefyd y Parch. Dewi Davies, cyn weinidog. Roedd y canu o dan ofal Stephen Jones a Kerri Williams gyda Margaret Walters wrth yr organ.

41

Yn ei adroddiad blynyddol fe nododd I.G. ei falchder: "Gwelsom yr Eglwys yn gwisgo dillad newydd amdani wrth ei gweithgarwch diflino i wneud cyrddau'r dathlu'n llwyddiant hollol." Yn 1965 fe ymddeolodd Johnny Beynon fel tysorydd y capel ar ôl deng mlynedd ar hugain o wasanaeth ac etholwyd fy nhad, John Thomas, Torcefen, i ymgymryd â'r gwaith.

Yn adroddiad 1969 mae I.G. yn canmol pobol ifanc y capel: "Cŵyn sy'n gyffredin iawn yn ein dyddiau ni yw lleihad y bobl ieuainc yn y gwahanol gyfarfodydd. Gallwn ni fel Eglwys fod yn ddiolchgar iawn o weld yr ieuainc yn dod yn ffyddlon ac yn gyson. Carem wrth ddiolch am y ffyddlondeb a fu ofyn am fwy o ffyddlondeb eto yn y dyfodol."

Bu I.G. yn weinidog yn Salem a Moreia tan 1979 pan ymddeolodd a symud i fyw i bentref Glanfferi

Eirian Wyn, 1980-1990
O fewn ychydig fisoedd daeth gweinidog newydd ifanc i Moreia a Salem Pedair Heol – y Parchedig Eirian Wyn. Cefais sgwrs ganddo ar ddydd Sul, Mehefin 4ydd 2010.

M.T. – Beth wnaeth eich ysgogi i fynd i'r weinidogaeth?
E.W. – Roeddwn yn aelod yn Siloam, capel y Bedyddwyr ym Mrynaman ac roedd Wncwl Jac yr Hendre wastad yn dweud: "Nei di bregethwr rhyw ddiwrnod." Mae'n rhyfedd iawn, ond diwrnod ei angladd roeddwn yn darllen yn y gwasanaeth ac fe benderfynais yn ystod y gwasanaeth mod i am fynd i'r weinidogaeth. Dau ar bymtheg oeddwn ar y pryd.

Ysgol y Banwen oedd yr ysgol gynta ac oddi yno i Sec Mod y Waun cyn cyrraedd Ysgol Ramadeg, Pontardawe. Yna, wedi gwneud y penderfyniad i fynd i'r weinidogaeth yn ddwy ar bymtheg oed mynd ar y Cwrs Paratoi i Goleg y Bedyddwyr, Bangor.

Prifathro'r coleg, D. Eirwyn Morgan, yn dod i bregethu i Siloam un dydd Sul ac yn aros rhwng oedfaon yn ein tŷ ni, fel oedd yr arferiad. Fe glywodd y Sul hwnnw mod i yn dyslecsig a phan ddaeth nôl i'r coleg ces i stŵr ganddo am beidio â dweud wrthynt yn y coleg am y broblem. Erbyn hyn roeddwn ar fy mlwyddyn olaf. Ar ddiwedd y cwrs ces gynnig dilyn cwrs arall a oedd yn ymwneud yn y gwraidd â'r berthynas rhwng yr iaith Gymraeg a dyslecsia – iaith ffonetig yw'r Gymraeg ac felly yn cynnig mantais, o bosib, i'r sawl sy'n diodde o'r broblem. Ond, yn dilyn pum mlynedd yn y coleg, 'na' oedd yr ateb; roeddwn am fynd yn weinidog yr efengyl. Roedd yr alwad gyntaf i ddwy eglwys – Hermon a Star yn Sir Benfro a byw yn y Glôg wrth draed y Frenni Fawr. Dilyn y prifardd W. J. Gruffudd (Elerydd) ac yna wedi i mi symud fe ddaeth yn olynydd i mi hefyd!

M.T. – Yna symud i Moreia.

E.W. – Ie, ac mae'n rhyfedd iawn fel y digwyddodd y peth. Doedd Mam a Dad ddim yn dda ac wrth gwrs roeddwn yn teithio nôl i'w gweld nhw yn gyson a dyma benderfynu un tro cymryd ffordd arall i Frynaman a theithio drwy'r Meinciau. Roedd dyn yn ffawdheglu lawr i gyfeiriad Pontiets a dyma gynnig reid iddo. John Lewis, ysgrifennydd Moreia ar y pryd, oedd y ffawd heglwr a dyma fe yn cynnig Sul i mi. Roedd rhaid i mi wrthod gan nad oedd Sul gwag yn y dyddiadur. Ond, yn rhyfedd iawn ces alwad ffôn o gapel arall yn dweud wrthyf nad oedd eisiau i mi bregethu ar ryw Sul arbennig. Dyma gysylltu â John ac egluro ei bod hi'n bosib i mi ddod atynt wedi'r cyfan. Cwrdd y plant oedd yr oedfa honno gyda phobol Pedair Heol yno yn ogystal ac ar sail y cwrdd hwnnw ces alwad i Moreia a Salem. 1980 oedd y flwyddyn ac ar Awst 13eg blwyddyn yn ddiweddarach roedd Helen yn geni Fflur. Byw yn y Mans ac o'r ystafell wely roeddem yn medru gweld draw i'r Frenni Fawr – golygfa arbennig. Ond, er mwyn sicrwydd teuluol roedd Helen a minnau yn meddwl y byddai'n well prynu tŷ a dyma fynd ati i brynu a symud i 'Brynawelon', ergyd carreg o'r Mans.

Gwnaethom ni fel teulu ffrindiau da iawn yn ysytod y cyfnod hwnnw a ffrindiau sy'n dal i fod yn ffrindiau wrth gwrs ond yn anffodus rhai ohonynt wedi ein gadael erbyn hyn, fel Lyn a Berry Morris. Roedd tipyn o fwrlwm yn bodoli – rwy'n cofio yn dda gwneud Sioe Gerdd Barabas gyda phlant a phobol ifanc y cwm. Roedd y sioe yma yn cynnig cyfle ardderchog i bobol hollol ddibrofiad i fod ar lwyfan. Helen gyfansoddodd y gerddoriaeth a T. J. Morgan y sgript ond wrth gwrs roedd tipyn o newid ac ychwanegu yn ystod rihyrsals. Brenig Davies oedd Iesu Grist, finne Barabas ac Elin Rhys oedd Mair Magdalen. Bu pobol fel Elsbeth Jones ac eraill yn help mawr i gael y sioe i fwcwl ac fe'i perfformiwyd o gwmpas capeli'r cylch.

Rwy'n cofio mynd â'r plant i ganŵio yng nghwmni Steve Jones a hwythau wrth eu bodd. Aethpwyd â'r plant a'r bobol ifanc hefyd i ganolfannau fel Langton yn sir Benfro a hefyd i Goleg Bala, Bangor.

Fe ffurfiwyd grŵp pop o'r enw Boco. Boco yn tarddu o lysenw Mrs Elsbeth Jones, athrawes Gymraeg ac erbyn hyn Dirprwy Brifathrawes Ysgol Maes yr Yrfa. Hi hefyd oedd yn ein hyfforddi gyda Helen, oedd yn cyfeilio ar y delyn yn ogystal. Gareth Williams ar y piano, Lyn Scrace a Catrin Treharne oedd gweddill y grŵp.

Enillodd y grŵp gystadleuaeth 'Cân i Gymru' ac felly ennill yr hawl i gynrychioli Cymru yng nghystadleuaeth yr Ŵyl Ban Geltaidd yn Kilarney. Beth sy'n hyfryd yw'r ffaith bod pawb wedi cadw mlaen â'u diddordeb mewn cerddoriaeth.

M.T. – Roeddech chi â gofal tîm pêl-droed yn ogystal.

E.W. – Tîm dan 11 ac 16 os rwy'n cofio'n iawn. Cwmni Manhattan yn noddi'r tîm a bathodyn Manhattan Marketing ar y crysie. Crys melyn â llewys gwyrdd.

M.T. – Tebyg iawn i grysie Meinciau Rovers ers talwm ond y lliwie i'r gwrthwyneb – crys gwyrdd â llewys melyn. Roeddech chi yn ifanc ar y pryd, oedd hyn yn fantais i fod yn weinidog ar ddau gapel?

E.W. – Yn sicr! Roeddwn yn teimlo mod i ar yr un donfedd â'r bobol ifanc i ddechrau a gwnes i ddim teimlo yn wahanol yng nghwmni'r aelodau hŷn.

M.T. – Sut oedd consurio yn gorwedd gyda'r ffyddloniaid, gan gofio fod Elwyn Williams yn ofni y byddai wedi hollti'r capel pe bai wedi chwarae pêl-droed dros dîm y pentre?

E.W. – Dim problem o gwbl – o leia, ddywedodd neb unrhywbeth negyddol yn fy wyneb beth bynnag! A dweud y gwir, rwy'n defnyddio consurio i gyfleu neges yr efengyl pan mae'n briodol.

M.T. – Ble ddechreuodd y diddordeb?

E.W. – Gweld David Nixon ar y teledu pan oeddwn yn grwt bach a dyna ni – roeddwn yn 'hooked'! Roedd consurio yn help ar gyfer dyslecsia hefyd gan mod i yn mynd yn aml iawn i'r llyfrgell i chwilio am lyfrau yn ymwneud â chonsurio. Er mwyn dysgu'r tricie roedd rhaid darllen amdanynt – hyn wrth gwrs yn fy annog i ddarllen. Aeth blynyddoedd heibio cyn i mi wneud y sioe gynta gyhoeddus. Festri Peniel oedd y lleoliad pan oeddwn yn weinidog ym Moreia a Salem ac rwy'n credu i hyn ddod ag ychydig o gyhoeddusrwydd i'r capeli. Roedd rhaid cael enw ar gyfer carden Equity a doedd Eirian Wyn ddim yn gwneud y tro oherwydd bod rhywun arall gydag enw tebyg. Felly, dyma ddewis Rosfa ar ôl fferm fy nhadcu. Roedd pawb yn ei adnabod e fel Dan Rhosfa a nhad wedyn fel Wil Rhosfa ac oherwydd hynny roedd Eirian Rosfa yn enw addas iawn i'w ddewis fel aelod o Equity a Rosfa fel consuriwr.

Mae rhaid i mi ddweud fod Duw wedi bod yn garedig iawn oherwydd iddo roddi donie eraill i mi. Roedd y donie yma, fel consurio ac actio yn cadw'r blaidd oddi wrth y drws a thrwy hynny yn fy nghadw yn y weinidogaeth.

M.T. – Beth, Eirian, yn eich tŷb chi sy'n gyfrifol am y dirywiad aruthrol o fewn ein capeli erbyn hyn?
E.W. – Teledu yn un peth.

M.T. – Yn union fel y mae'n effeithio ar bopeth arall.
E.W. – Yn gwmws. Roedd y capel yn arfer bod yn ganolfan ond nid bellach, heblaw am ambell eithriad. Mae pethau eraill yn denu pobol bellach. Rwy'n meddwl hefyd fod agwedd gul nifer o bobol ddylanwadol y capeli yr oes honno wedi gadael effaith negyddol ar y cenhedlaethau a ddilynodd.

M.T. – Beth yw'r ateb?
E.W. – Dal ati ac ennill drosodd y plant a'r bobol ifanc a cheisio gwneud y capel yn rhan bwysig o'u bywyd.

M.T. – Sut mae Eirian Wyn yn treulio ei fywyd erbyn hyn?
E.W. – Rwy'n weinidog llawn amser mewn dau gapel yn Nhreforus a hefyd â gofal capel Salem, Pedair Heol. Rwy'n pregethu yn Salem unwaith y mis a rhaid dweud fod cynnydd sylweddol yn y nifer sy'n mynychu'r gwasanaeth. Rwy'n actio ac yn rheolwr llwyfan pan mae'r galw ac mae Rosfa yn dal yn brysur. Rwy hefyd ar y meic yn Stadiwm y Liberty yn gwneud y cyhoeddiadau Cymraeg yn y gêmau rygbi a phêl-droed. Fi hefyd yw cydlynydd mascots yr Elyrch. Beth mae hynny yn ei olygu yw mynd â'r mascots bach i mewn i gwrdd â'r chwaraewyr cyn pob gêm. Rwy'n ffrindiau gyda'r chwaraewyr ac mae chwaer Angel Rangel a'i gŵr wedi enwi eu crwt yn Eirian! Gorchwyl pleserus arall yw holi "Man of the

45

Eirian Wyn, Helen a Fflur.

Match" a chynnal cwis ar ôl pob gêm i'r noddwyr platinum ac aur. Mae ambell gêm y Gweilch ar brynhawn Sul. Rwy'n egluro mai'r weinidog-aeth sydd yn dod gynta bob amser ond, fel mae'n digwydd, yn y bore a'r hwyr rwy'n pregethu yn Nhreforus. Rwy'n gosod her i'r aelodau – os ydw innau yn medru pregethu yn y bore mynd i'r gêm ac yna nôl i bregethu yn yr hwyr yna mae'n bosib iddyn nhw wneud yr un peth. A chwarae teg, mae nifer ohonynt yn mynychu'r Liberty yn ogystal erbyn hyn.

Fe fûm ar un adeg yn ysgrifennydd Tae Kwon Do yng Nghaerfyrddin – a phryd hynny roeddwn yn heini iawn. Felly, mae digon i'w wneud, heb sôn am ambell siwrne gyda Helen i wrando ar Fflur yn canu.

M.T. – Diolch o galon, Eirian.

Emlyn Dole, 1995–
Oddi ar 1995 bu Emlyn Dole yn weinidog rhan-amser ym Moreia. Mab y Mans oedd Emlyn, yn fab i James a Mair Dole, Hermon, Llannon. Symud-odd y teulu i Harlech am gyfnod ac yna treulio dwy flynedd yn North Carolina, America, cyn dychwelyd i Harlech ac yna i ardal Maesteg. Tra roedd ym Maesteg roedd y crwtyn bach yn teithio i Ysgol Ystalyfera. Roedd gyda'r fintai gyntaf i fynychu'r ysgol newydd hon. Wedi gadael Ysgol Ystalyfera yn un ar bymtheg oed bu Emlyn yn brentis saer ym

Maesteg. Erbyn hyn roedd ei dad yn weinidog yn Soar, Llwynhendy. Yr adeg honno hefyd roedd yn dangos addewid fel pêl-droediwr da iawn a chafodd gyfle i fynd ar brawf gyda Bristol Rovers.

Ond roedd apêl y pulpud yn gryfach na gweithdy'r saer ac aeth i astudio ym Mhrifysgol Bangor am dair blynedd i ddarganfod, meddai fe, ac i chwilio allan gan ei fod wedi gadael yr ysgol yn ifanc. Yn sgîl hyn dilynodd gwrs B.D. ac yna, wedi graddio, aeth i astudio yn Aberystwyth am dair blynedd arall. Roedd yn dal i chwarae pêl-droed i'r coleg ac hefyd i dîm Goginan. Yn dilyn ei gwrs yn Aberystwyth aeth yn weinidog llawn amser i Bontlliw a hefyd Hermon, Llannon. Bu ym Mhontlliw am flwyddyn a hanner. Wedi gadael Pontlliw cafodd Emlyn ei benodi yn Swyddog Cydlynydd Ysgolion Sul De Cymru a gweithio allan o Goleg y Drindod, Caerfyrddin, ond erbyn hyn gweinidog rhan-amser oedd Emlyn yn Hermon. Mae'n dal i fod yn weinidog rhan-amser yn Hermon hyd heddiw.

Yna, fe ymunodd â'r BBC fel cynhyrchydd a bu yno am bedair blynedd cyn mynd ar ei liwt ei hun am ddwy flynedd o fewn y cyfryngau. Yn dilyn hyn cafodd swydd marchnata gyda'r Cyngor Llyfrau ac arweiniodd hyn at agor siop lyfrau ym mhentref Cross Hands. Yn y cyfamser roedd hefyd yn weinidog rhan-amser ar gapel Pisgah, Bancffosfelen. Fodd bynnag, yn dilyn chwal ei briodas fe gaewyd y siop ac aeth yn Swyddog Ieuenctid gyda'r Annibynwyr.

Yna, nôl i'r weinidogaeth yn llawn amser unwaith eto ac i Gapel Seion, Drefach, y tro yma. Ond, doedd Emlyn ddim yn hapus ac yn gyffyrddus fel gweinidog llawn amser. Doedd hyn ddim yn cynnig y "points of reference" dyddiol y byddai gwaith bob dydd yn cynnig iddo – hynny yw, roedd yn teimlo ei fod mewn rhyw fath o wagle pan oedd yn bregethwr llawn amser a doedd hyn ddim yn addas iddo fe.

Yna, yn 1995 daeth yn weinidog rhan-amser ar Moreia ac felly, nawr roedd ganddo gytundeb â dau gapel – Moreia a Hermon. Yn ddiwedd-arach aeth y ddau yn dri pan dderbyniodd Caersalem Pontyberem yn ogystal. Yn 2006 fe briododd y gantores Gwenda Owen ac mae Emlyn, fel un sydd wedi cyfansoddi ar hyd ei oes, erbyn hyn yn cyfansoddi nifer o ganeuon i'w wraig. Yn 2001 fe gyfansoddodd y gân boblogaidd 'Dagrau Ddoe' wnaeth ennill 'Cân i Gymru', ac yna cipio'r wobr yn yr Ŵyl Ban Geltaidd allan yn Iwerddon, gyda Geinor merch Gwenda yn canu. Mae hefyd yn weithgar gyda Theatr Ieuenctid Cwm Gwendraeth ac wedi cyfansoddi nifer o sioeau ar eu cyfer.

*Emlyn Dole, yr ail o'r dde, gyda'i dîm yng nghystadleuaeth golff
Y Mynyddygarreg Open i elusen Ail Gyfle 2011.*

Mae cryn alw amdano fel cyfieithydd ar y pryd – gwaith sy'n hawlio
sgil arbennig. Ond, fel mae Emlyn yn egluro: "Rhaid cau hanner y
meddwl i lawr tra fydd yr hanner arall yn poeri fe allan yn Saesneg."

Yn 2008 cafodd Emlyn ei ethol fel Cynghorydd Sir ac mae'r gwaith
hwn yn sicr yn cyfoethogi ei brofiadau, sydd o fudd amhrisiadwy iddo yn
y pulpud.

Mae wrth ei fodd yn weinidog rhan-amser ac wrth ei fodd ym Moreia.
Mae Emlyn yn disgrifio Meinciau fel pentre hynod o gartrefol. Hyd yn
oed pan gerddodd i bulpud Moreia am y tro cynta roedd yn teimlo yn
hollol gartrefol. Mae'n gweld yr eglwys fodern yn sefydliad cymdeithasol
yn ogystal lle mae, er enghraifft, yn cynnal nosweithiau gwahanol yn
Festri Moreia. Mae wedi cynnal noson Tsieineaidd, Eidalaidd yn ogystal
a noson Blasu Gwin yno. Mae'r nosweithiau hyn yn hwylus ac yn boblog-
aidd dros ben ac yn dangos y ffordd ymlaen. Diolch am ei weledigaeth.

Mae Emlyn Dole yn ddyn hynod o brysur ac yn argyhoeddiedig ei fod
yn elwa fel gweinidog o'r profiadau mae'n eu cael tu allan i'r pulpud.
Mae'n hoff iawn o chwarae golff ond yn anaml y caiff y cyfle o fynychu'r
cwrs hwnnw gan nad yw amser yn caniatáu. Ond mae un peth yn sicr

48

meddai Emlyn: "Mi fydda i'n aros ym Moreia tan y diwedd." Mae'n ddyn hollol ddiymhongar ac yn chwistrellu awyr iach i sefydliad a swyddogaeth sydd yn gyffredinol yn medru bod yn hollol fewnblyg ac amharod i unrhyw fath o newid.

Ond ym Moreia mae ganddo dîm brwdfrydig. Y diaconiaid presennol yw Kerri Williams (Ysgrifennydd Ariannol), Dilwyn Jones (Trysorydd), Delyth Davies, B.A. (Ysrifennyddes), Arwyn Jones ac Elsbeth Jones, B.A. Yr organyddion yw Elsbeth Jones, Margaret Davies ac Ann Wright. Arweinyddion y Gân yw Kerri Williams ac Elsbeth Jones.

*   *   *

Beth am y dyfodol?
Fel un o blant y Meinciau mae'n peri gofid i mi weld ein capeli yn gwanhau o flwyddyn i flwyddyn. Dwy ddim yn dilyn y farn mai gwlad seciwlar yw Cymru bellach ond, ar y llaw arall, rydym ni fel Cymry wedi encilio o fynychu oedfaon. Beth sydd yn galonogol, serch hynny, yw'r ffaith bod mwyafrif llethol o Gymry yn dal i ystyried eu hunain yn Gristnogion o safbwynt ffydd.

Rhaid felly adeiladu ar hyn fel sail ar gyfer y dyfodol. Mae cau capeli yn golygu poen calon i nifer o ffyddloniaid. Ond mae'n hanfodol creu cynllun synhwyrol sydd yn ateb gofynion yr oes hon. Yn aml iawn gwelir pedwar i bum capel, a hyd yn oed mwy mewn ambell le, o fewn ergyd carreg i'w gilydd, gyda'r cynulleidfaoedd yn druenus o wan. Onid gwell fyddai i'r capeli hyn uno a chreu un ganolfan lewyrchus a brwdfrydig? Rhaid cael gweledigaeth glir, arweiniad sensitif ond eto cadarn ac hyderus a rhaid cael barn y bobol sy'n cadw draw gan weithredu ar sail y dystiolaeth honno. Paham maen nhw'n cadw draw? Beth yn eu tŷb hwy sydd angen i'r capeli wneud? Efallai mai ganddyn nhw mae'r atebion ac nid y bobol sydd yn mynychu'r oedfaon.

Fe'm magwyd yn Fedyddiwr, ymunais â'r Annibynwyr pan oeddwn yn byw ym Mhorthcawl ac yna es at y Methodistiaid ym Mynyddygarreg. Beth yn y byd yw'r gwahaniaeth? Er mwyn popeth dylid esgyn uwchben unrhyw fwganod a dod at ein gilydd. Wedi'r cyfan, mewn undod y mae nerth! Beth fydd rôl Moreia Meinciau yn y dyfodol? Gobeithio yn wir y bydd yn gapel llewyrchus a bydd rhywun yn teimlo fel ysgifennu hanes y can mlynedd nesa!

Eisteddfod y Meinciau

Cynhaliwyd yr Eisteddfod ar ddydd Gwener Y Groglith yng Nghapel Moreia, o tua 1909 hyd 1923. Mae hyn yn syndod a braidd yn rhyfedd oherwydd agosatrwydd y blynyddoedd hyn i'r diwygiad. Roedd Gwener y Groglith yn ddydd sanctaidd a byddai gwrthwynebiad gan rai i wneud unrhywbeth ar y Groglith.

Beth bynnag am hynny, roedd yr Eisteddfod yn boblogaidd iawn gyda'r capel dan ei sang bob blwyddyn. Yn anffodus, hyn oedd yn gyfrifol am ddirywiad yr Eisteddfod yn y pen draw. Mae'n debyg i nifer o fechgyn ifanc yr ardal yn ystod Eisteddfod 1923 ddod i mewn â photeli cwrw, ac yfed y cwrw yn y galeri. Yna, yn hytrach na mynd allan i ateb galwad natur, roeddynt yn llenwi'r poteli yn y capel – hyn yn arbed iddynt golli eu seddau. Daeth y diaconiaid i wybod am hyn a bu rhaid i'r Eisteddfod symud allan. Roedd hon yn ergyd andwyol ac yn fuan iawn fe ddaeth yr Eisteddfod i ben.

Roedd hanes yr Eisteddfod yn flynyddol yn y *Llanelly Mercury*. Gan amlaf beirniadaethau y cyfansoddiadau oedd cynnwys yr adroddiadau. Rwy'n meddwl mai yn y flwyddyn 1909 cynhaliwyd yr Eisteddfod gyntaf gan fod cyfeiriad at yr Eisteddfod yn nodiadau y 'Mynydd Mawr News':

Mr W. T. Rees is the recipient of many hearty congratulations on his recent successes as champion soloist, he having taken no less than three champion solo prizes in two days. Does this establish a record in this county? Great praise was given him at Bethel, Meinciau and Capel Seion and that too by different adjudicators.

Yna, o dan adroddiad Carwe yn y *Mercury* gwelir bod saith côr wedi cystadlu yng nghystadleuaeth y Prif Gorawl gyda chôr Carwe o dan ei harweinydd Edmund Davies yn fuddugol. Enillodd Côr Merched Carwe yn ogystal mewn cystadleuaeth o bedwar côr. Arweinydd Côr y Merched oedd Miss Violet Gilbert a hithau oedd arweinydd Côr y Plant a gurodd ddau gôr arall. Cafodd Miss Olive Gilbert yr ail wobr ar yr unawd i ferched dan 14. Felly, llwyddiant ysgubol i'r pentref ond fe wnaeth hyn, yn ôl y *Mercury*, gynhyrfu'r dyfroedd ym Mhontiets gyda rhai o drigolion y pentre hwnnw yn eiddigeddus o lwyddiant y Carwesiaid . . .

"Hen le bach felna yn ennill."

Does dim dwywaith i'r Eisteddfod feithrin diddordeb a thalent trigolion y Meinciau hefyd. Enillodd parti John Thomas, er enghraifft, gystadleuaeth canu i barti o wyth yn Eisteddfod Mynyddygarreg gyda dehongliad o "Llygaid y Dydd".

Doedd dim o hanes Eisteddfod 1910 ar gael heblaw am lythyr yn y *Mercury* oddi wrth gystadleuydd di-enw. Cais oedd cynnwys y llythyr i John Elias y beirniad i gyhoeddi ei feirniadaeth ar gyfansoddiadau'r Eisteddfod. Roedd cythraul y canu yn bodoli yn ddios. Yn dilyn Eisteddfod Ponthenri yn 1910 gwelwyd yn rhifyn Ebrill 14eg o'r *Mercury* y llythyr canlynol:

Ponthenry Eisteddfod

To the editor of the Llanelly Mercury.

Sir – Please allow me to contradict the report of the Ponthenry Eisteddfod of March 26th 1910. In the trio and champion solo competition it should have been stated that J. Brython Williams was the winner of both. Also that he won the champion solo at Pembrey on April 2nd.

I shall be greatly obliged to you if you will allow this to appear this week. I am

J. Brython Williams.

Yr wythnos ganlynol roedd 'na ddilyniant!

Ponthenry Eisteddfod

To the editor of the Llanelly Mercury.

Sir – Will you kindly allow me space in your worthy paper to state the truth regarding the champion and trio competitions at the Ponthenry Eisteddfod held on March 26th 1910.

The contradiction which was made by J. Brythan Williams,
Pembrey, and appearing in your last issue seems to mislead the
public as the above was only co-winner with Mr W. T. Rees, Cross
Hands, in the champion solo competition, and with Miss Lily A.
Stone, Mr T. G. Williams and Mr Walter Beynon of Pontyates in the
trio competition. I am

Walter Beynon, Evelfach, Pontyates

Wel dyna ni 'te!

Yn eisteddfod 1913 roedd cystadleuaeth unawd ar gyfer y cystadleuwyr nad oedd wedi ennill pum swllt, gyda Tom Rees, Pontiets, yn fuddugol. Carwe enillodd y gystadleuaeth ar gyfer Côr Plant. Cantorion Ieuenctid Caerfyrddin enillodd y Prif Gorawl, Pum Heol aeth â'r cyntaf yn y côr i Ferched gyda Carwe yn ennill y Côr Dynion. Dyfnallt oedd yn beirniadu cystadleuaeth y gadair a'r Parch. D. Bowen, Capel Isaf, Aberhonddu, gip-iodd y gadair.

Roedd beirniadaeth lawn ar y gystadleuaeth cyfansoddi penillion coffadwriaeth i'r diweddar Maria Harries, Llwyn y Graig, yn Eisteddfod 1914. Yn ôl y beirniad denodd bywyd peraroglus Maria Harries chwech o feirdd i ganu i'w choffadwriaeth a'r enillydd oedd y bardd "Dan yr Ywen". Pwy oedd "Dan yr Ywen" dwy ddim yn gwybod, ond dyma dri o'r chwech pennill yn ei gerdd i Maria Harries:

Er Parchus Goffadwriaeth am Maria Harries
Llwyn y Graig Van
Buddugol yn Eisteddfod y Meinciau 1914

Crwydra'm hiraeth fel aderyn clwyfus ar ei aden wan
Gyda phlygain Sul y Blodau at y bedd yn Erw'r Llan;
Beddrod un o flodeu'r ardal, mam yn Israel, ffyddlon wraig,
Bedd y dawel, ddiymhongar Mrs. Harries, Llwyn y Graig;
Hedodd llawer blwyddyn heibio, heibio megis darn o wyrth
Er pan gauwyd bedd yr Erw ac y lledodd Nef ei phyrth,
Ond, er hynny, dal yn wyrddlas mae'r dywarchen drosto'n do,
Gwyrddlas hefyd yw ei hanes hithau'n atgof saint y fro.

Dlysed, dlysed yr ymddengys lili Duw yng ngerddi'r glyn
Pan yn plygu dan y gawod, cawod wlith y bore gwyn,

Tlysach fil yr ymddangosai enaid hon o dan y gwlith
Lithrent arni dros lechweddau Mynydd Duw tra yn ein plith;
Un o blant y werin ydoedd, gwerin brydferth Cymru fad,
Gwisgai'n syml, ac addolai'n syml pan yn Nhŷ ei Thad,
Crefydd syml oedd ei chrefydd, mor ddyrchafol oedd ei chwaeth,
Hyn oedd cofnod oes Maria, "Hyn a allodd hi a'i gwnaeth".

Pennod o weithredoedd syml mewn gwirionedd fu ei hoes,
A phob adnod yn disgleirio ynddi o dan wawr y Groes,
Gyda symled calon plygai wrth orseddfainc gras, a'i ffydd
Yn ymfalchu yn ei Harglwydd yn ngororau Gwlad y Dydd;
Bu yn ffyddlon yn ei gwanwyn, cerddodd megis gwyryf wen
O dan Groes ei Chyfaill Goreu i gyfeiriad gloewach nen,
A phan ydoedd hafddydd bywyd yn dod heibio ar ei hynt,
Dilyn wnaeth, ond nid o hirbell, fel y disgybl hwnnw gynt.

Yn 1914 "Y Maes Gwenith" oedd testun Pryddest y Gadair. Yn ôl y *Mercury* derbyniwyd tair ar ddeg o bryddestau gydag un bryddest yn dod pob cam o Canada. Mae cadair Eisteddfod 1914 yng nghartref Rhyddwen Jones, Drefach. Dyma gartref Joseph Henry, enillydd y gadair. Roedd Joseph Henry yn eisteddfodwr ac yn fardd o fri. Roedd beirdd yr ardal yn cwrdd yn ei gartref yn rheolaidd a byddai hyd yn oed Dewi Emrys yn taro i mewn atynt ar adegau. Roedd y diweddar Ralph Jones yn ŵr i Rhyddwen ac yn ddisgynnydd i Joseph Henry ac felly mae'r gadair wedi aros yn y teulu. Beirniad y gystadleuaeth yn 1914 oedd Myfyr Hefin, sef y Parch. D. Bowen, enillydd y gadair yn 1913, ac fe dalodd deyrnged fawr i Joseph Henry am ei bryddest "Maes Gwenith".

Dyma'r pennill cyntaf:

Segur yw cryman a phladur
A diddos yw'r Gwenith Gwyn;
Distawodd mennir medelwyr
Gwynfanent dan gwydau'r glyn;
Lonydd yw'r fintan pladuriau
A'r ydlan ga'dd cysgod to;
Os pylu mae min crymanau
Yn gloywi mae sychau'r fro.

MORIAH, MEINCIAU
Cynhelir

Eisteddfod

CADEIRI... yn y lle uchod

Gwener y Grogilth, Ebrill 6fed, 1917

Beirniaid:

Datganu:
Dr. T. D. EDWARDS, Mus. Doc., L.R.C.M., A.R.C.M., F.T.S.C., Treharris.

Yr Amrywiaeth:
Parch. E. J. HERBERT, Cydweli.

Fancy Work.—Mrs. M. WALTERS, Bancgwine, Pontantwn.

Llawysgrifen a'r Drawing.—T. M. THOMAS, Ysw., Ysgolfeistr, Bankffosfelen.

Cyfeilydd.—TOM JAMES, Ysw., Cross Hands.

Cadeirydd ... A. STEPHENS, Ysw., Y.E., Cydweli.
Arweinydd ... Y Parch. E. J. HERBERT, Cydweli.

Drysau yn agored am 10, i ddechreu am 10.30 y boreu.
Mynediad i mewn, Swllt; Plant dan 14 oed, Haner Pris.

YN YR HWYR, CYNHELIR

Cyngherdd Cystadleuol
I ddechreu am 6.30 o'r gloch.
Mynediad i mewn, Swllt; Plant dan 14, Haner Pris.

Cadeirydd ... W. DAVIES, Ysw., M.E., Cwmgorse.
Arweinydd ... Y Parch. E. J. HERBERT, Cydweli.

Rhagleni, 1c. yr un, drwy'r Post 1½c., i'w cael oddiwrth yr Ysgrifenyddion—Mr. Thomas Rowlands, Bryncerdd, Pontyates, Cadeirydd y Pwyllgor; Parch. M. T. Rees, Gweinidog. Is-Gadeirydd; Mr. Titus Jenkins, Garuen, Tregwynfa, Mr. Evan Owens, Minsaunt Cottage, Pontyates.

Hysbysiad.—Dymuna'r Pwyllgor wneud yn hysbys y paratoir bwydydd yn yr Ysgoldy ar gyfer ... ymwelwyr.

☞ A Haner yr Elw tuag at ein Milwyr.

Tom Griffiths, Argraffydd Profiadol, Heol-y-Bres, Llanelli.

:: RHAGLEN. ::

:: RHAGLEN. ::

CERDDORIAETH.

		£	s	c
1.	Cor Cymysg, heb fod dan 25 mewn rhif, "Ffarwel i ti, Cymru fad" (Dr. Parry)	8	0	0
2.	Cor Plant, heb fod dros 16 mlwydd oed, a dim dan 30 mewn rhif, "Byddin y Groes" (Dd. Henry, L.T.S.C., Pontyberem)	3	0	0
	Ail wobr	2	0	0
	Drydedd wobr	1	0	0
3.	Unawd Soprano, "Yr Arglwydd yw fy Mugail" (D. Jenkins, Aberystwyth)	0	10	6
4.	Unawd Contralto, "Cymru fy Ngwlad" (D. Pughe Evans)	0	10	6
5.	Unawd Tenor, "Telynau'r Saint" (W. O. Jones)	0	10	6
6.	Unawd Bass, "Cymru" (T. D. Edwards)	0	10	6
7.	Unawd i Ferched dan 16eg oed, "Llangees Ferdan o Wlad Israel" (J. T. Samuel)	0	3	0
	Ail wobr	0	1	6
8.	Unawd i Fechgyn dan 16eg oed, "Addfwyn Iesu" (J. Brwynog Jones)	0	3	0
	Ail wobr	0	1	6
9.	Unawd i Ferched dan 12eg oed, "Hyn fydd yn nefoedd i mi" ("Swn y Jiwbili")	0	2	6
	Ail wobr	0	1	0
10.	Unawd i Fechgyn dan 12eg oed, "O fewn yehydig" ("Swn y Jiwbili")	0	2	6
	Ail wobr	0	1	0
11.	Unawd ar y Perdoneg i Blant dan 14eg oed, "Fairy Footsteps" (T. D. Edwards)	0	5	0

AMRYWIAETH.

		£	s	c
12.	Traethawd, "Hen Ofergoelion Dyffrynoedd Gwendraeth"	0	10	0
13.	Pryddest, ddim dros 100 llinell, "Ty fy Nhad" (Ioan 14, 2) Gwobr ... Cadair Hardd			
14.	Englyn, "Y Llen Leidr"	0	5	0
15.	Adroddiad, "Suddiad y Lusitania" ("Blwch yr Adroddwr")	0	10	6

Copiau 3c. yr un, i'w cael oddiwrth y cyhoeddwr, Mr. Tom Griffiths, Argraffydd, Bres-road, Llanelli.

AMRYWIAETH—Parhad.

		£	s	c
16.	Adroddiad i Blant dan 14eg oed, "Y Gath fach ddu a gwyn" (gwel y Rhaglen)	0	3	0
17.	Drawing, Gwawd lun o'r Kaiser (Cartoon)	0	2	6
18.	Llawysgrifen neu Copi, "Y Gath fach ddu a gwyn" (gwel y Rhaglen)	0	3	0
19.	Am y "Table Centre Pen Painting" goreu (gwaith llaw)	0	7	6
20.	"Afternoon Tea Cloth" goreu (gwaith llaw)	0	5	0

TREFN Y DYDD.—9, 10, 11, 8, 16, 7, 17, 18, 4, 15, 3, 13, 5, 12, 2, 14, 6, 19, 20, 1.

RHAGLEN Y CYNGHERDD.

		£	s	c
1.	Parti Bechgyn, "Y Ddyrus Daith," dim dan 35 mewn rhif (Brynceson Treharne)	5	0	0
2.	Parti Merched, dim dan 25 mewn rhif, "Awn tua'r Goedwig" (Haydn R. Morris, Cross Hands)	2	10	0
3.	Parti Cymysg, 12 mewn rhif, heb yr arweinydd, "Rwy'n caru clywed'r hanes" ("The Angels' Story") (T. D. Edwards)	1	10	0
4.	Her Unawd Agored i Blant dan 16eg oed ...	0	7	6
5.	Deuawd i Blant dan 16 mlwydd oed, "Y Plentyn a'r Blodeuyn" (T. O. Hughes, Ebenezer, Arfon)	0	7	6
6.	Dadl agored, i ddau mewn dwy ...	0	6	0
7.	Unawd i rhai heb ennill 5s., "Meibion Gwalia," penill haunaf a'r olaf (Haydn R. Morris, Cross Hands)	0	5	0
8.	Unawd Agored, i unrhyw lais, "Eternal Love" (T. D. Edwards)	1	1	0

TREFN Y CYFARFOD.—7, 5, 6, 3, 4, 2, 8, 1.

AMODAU.

1. Bydd hawl gan y Beirniaid ranu neu atal gwobr, os yn angenrheidiol, a bydd eu dyfarniad yn derfynol.
2. Y dyganwau i fod yn llaw yr Ysgrifenydd erbyn Mawrth 31ain, 1917, a'r cyfansoddiadau, Drawing, a'r Fancy Work, yn llaw y Beirniaid ar neu cyn Mawrth 28ain.
3. Bydd prawf ar yr angenrheidiol.
4. Hawlier newid Trefn y Dydd os bydd angen.
5. Hawlier "Birth Certificates" os bydd angen.
6. Cedwir pris tocyn blaenseddi i fuddugwyr absenol.
7. Os mecha rhai o'r Beirniaid a bod yn bresenol, hawlier dewis eraill yn eu lle.
8. Mae'n ofynol i'r Coran ddwyn flugenwau.
9. Y diweddaf yn enillo ei flugenw i fewn i ganu neu adrodd gyntaf.
10. Ni chaniateir gwrthdystiad cyhoeddus, ond gellir danfon gwrthdystiad ysgrifenedig i'r Ysgrifenydd ynghyd a 5s., cyn dyfarniad y Beirniaid.
11. Dymunir ar Gystadlenwyr i ysryddesi i anfon eu henwau priodol dan sel i'r Ysgrifenydd.

Y GATH FACH DDU A GWYN.

Wele John, a'c adroch i wi gad.
I'w hoddi yn y llynn;
Diangodd un, a dyma hi——
Y Gath fach ddu a gwyn.

Mae ganddi lu o gampau pert,
A rhyw lefecydd synn;
Am adnewid a gwened, nes dim o fath,
Y Gath fach ddu a gwyn.

Mae'r adar bach a'r ll goed oll,
I gyd 'run fare ar fen,
Mai hen frenhines yr ydrwg,
Yw'r Gath fach ddu a gwyn.

Wrth ddŵad yn nes, eiydd imi gan;
Mae'n canu fel y minan;
Io, canu! Canu solo mas,
Mae'r Gath fach ddu a gwyn.

Wrth edrych arni yn fy nghol,
A sylwi fel y glyn.
'Rwy'n dweyd: O'r bechan, ddeuliw, fiel,
'Rwyf finnau'n de'i a gwyn.

Ond gennyf fi, mae Nefol Ffrynd,
Ac wrth ddal ato i dynn;
Mi golla'r du, o ran i radd,
A deuaf oll yn wyn.

M. T. REES.

Rhaglen Eisteddfod 1917.

54

Yn Eisteddfod 1916 daeth clod i ferch ifanc a ddaeth yn ddiweddarach yn organyddes yn y capel, sef Verina Davies, Maesydelyn, ac yn 1917 daeth deuddeg o bryddestau i law ar y testun "Tŷ fy Nhad". Mae rhaglen Eisteddfod 1917, sydd gan Eileen Anthony Davies, yn dangos strwythur yr Eisteddfod. Sesiwn y bore a'r prynhawn ac yna y Cyngerdd Cystadleuol yn dechrau am 6.30. Y rhaglen yn rhannu o dan tri pennawd: Cerddoriaeth, Amrywiaeth a Rhaglen y Cyngerdd. Gwelir hefyd bod *"Hanner yr Elw tuag at ein Milwyr"*.

Gwelir cyfeiriadau yn y *Carmarthen Journal* at Eisteddfod 1918:

Kidwelly News:
Master Arthur B. Morgans, youngest son of Mr and Mrs Ben Morgans, Gwendraeth Town has the following recent successes to his credit: Good Friday, Minke Eisteddfod – 1st prize out of seven competitors for pianoforte playing. Easter Monday: Pontyates Eisteddfod 1st prize pianoforte playing (six Competitors).

(*Carmathen Journal*, Ebrill 5ed 1918)

Meirion Jones a Dai Davies gyda Cadair Eisteddfod 1918.

Yn yr Eisteddfod yma enillodd Jac y Bardd o Gefneithin, gadair yr Eisteddfod. Diolch i waith ymchwil Meirion Jones daethpwyd o hyd i'r gadair hyfryd hon yn Cross Hands. Gwnaethpwyd y gadair yn gywrain iawn allan o goed derw. Mr a Mrs Dai Davies oedd â gofal y gadair bellach ond eu dymuniad hwy oedd iddi fynd nôl i'r Meinciau ac mae, erbyn hyn, yng ngofal teulu Meirion. Glöwr oedd Jac Jones, sef Jac y Bardd, a ddioddefodd yn enbyd o ddwst y gwaith glo – pneumoconiosis. Bu rhaid iddo orffen gweithio yn gymharol ifanc oherwydd yr afiechyd. Roedd wrth ei fodd yn barddoni a chafodd lwyddiant cyson yn eisteddfodau'r ardal. Mae'n debyg bod Carwyn James, pan oedd yn gweld Jac, wastad yn gofyn iddo: "Wel, Jac, siwd mae'r awen heddi?" Yn sicr cafodd yr awen ei gwobrwyo â chadair hyfryd 1918. Gwili oedd y beirniad ac roedd saith wedi ymgeisio am y gadair ar y testun "Melys Hun y Gweithiwr". Roedd canmol mawr am y gwahanol ymdrechion ond roedd un yn rhagori ac ef oedd "Dyri Aderyn y To", sef Jac Jones neu Jac y Bardd. Dyma beth ddywed Gwili amdani:

> *Dyma bryddest newydd ei geirfa a ffres ei llenoriaeth. Cyfres o delynegion ydyw, ac mae gwlith a bendith yr awen ar bob un ohonynt . . .*

Mae'n debyg bod torf enfawr yn Eisteddfod 1920. Carwe enillodd y prif ddarn corawl yn ogystal â'r côr plant. Gwilym Elli o'r Pwll enillodd cadair yr Eisteddfod.

Yn newyddion Ponthenri gwelir hyn am Eisteddfod 1921:

> *The majority of the villagers migrated to Minke on Good Friday. It is pleasing to note the success of two of our local competitors namely Edwin Williams and T. R. Beynon in winning the first and second prizes respectively.*

Roedd Edwin yn cael ei gydnabod fel Pencwm a chafodd gryn lwyddiant yn eisteddfodau'r ardal.

Gwener y Groglith garw iawn o ran tywydd oedd 1922 ond bu cystadlu rhagorol o flaen torf dda. 'De Valera' oedd testun yr englyn – hyn yn dangos hinsawdd wleidyddol y cyfnod a'r enillydd oedd Daniel Thomas, Pontyberem:

Hudol arwr Dail Erin – a loriwyd
Yw Valera Erwin;
Holltwr blew a'i wyllt air blin,
Hwn garai Senedd Gwerin.

Côr Carwe a'r Cylch enillodd gystadleuaeth y prif ddarn gorawl o dan arweiniad Edmund Davies. Yn sicr fe wnaeth y gŵr yma gyfraniad pwysig iawn i'w gymuned. Aeth y gadair i'r Parch. D. H. Davies, Hermon, Conwil. Crwys oedd y beirniad a dyma ei sylwadau am y gerdd fuddugol ar y testun "Nid oes gennyf ddyn":

> *Gwreiddiol a barddonol drwyddi. Nid yw'r fydryddiaeth bob amser yn ddigoll ond y mae enaid y testun yn cael ei ganu ganddo. Os oes gwawdigaeth yn y testun, y mae yn y gerdd yma eto.*

Mae cyfeiriad at Eisteddfod 1923 yn newyddion Pontiets lle mae'r gohebydd yn llongyfarch Megan Davies, Stepney Road, am ennill y wobr gyntaf ar y piano dan 12oed.

Ceir sylwadau diddorol iawn yn nodiadau'r gohebydd 'O Ben Mynydd Sylen':

> *Gwelir y Meinciau yn glir oddiyma a gwelwyd lliaws mawr yn mynd oddiyma a draw i'r Eisteddfod eleni eto fel arfer. Eisteddfod y Meinciau yw popeth y ffordd hon bob Gwener y Groglith. Onid yw yn bryd sicrhau adeilad i'r hen sefydliad hwn bellach?*

Gwener y Groglith 1923 oedd y tro ola i'r Eisteddfod gael ei chynnal yn y capel. Roedd helynt y poteli cwrw wedi sicrhau hynny! Cynhaliwyd Eisteddfod 1924 yn Ysgol Gwynfryn ar nos Sadwrn, Medi 27ain, dan nawdd Cymdeithas Bobl Ifanc Moreia – i wneud yn iawn, fe dybiwn i, am yr hyn ddigwyddodd y flwyddyn flaenorol. Ymhlith yr enillwyr oedd y ddau gyfaill o Bonthenri, David Evans ac Edwin Pencwm Williams, gyda'r ddau yn rhannu'r wobr am yr unawd fas.

Cyfarfod pregethu oedd ym Moreia dydd Gwener y Groglith o 1924 ymlaen. Mae'n debyg i'r Eisteddfod gael ei chynnal wedyn mewn pabell ar Gae Garej (un o gaeau Blaenyfan) ond methiant oedd y fenter honno. Cynhaliwyd Eisteddfod i blant Moreia o gwmpas y 40degau ond rhywbeth mewnol o fewn y capel oedd yr Eisteddfod hon a doedd dim poteli cwrw ar gyfyl y lle!

Terfysgoedd Rebecca, 1839-1843

Ni wnaeth Meinciau osgoi digofaint merched Beca. Dechreuodd Terfysgoedd Rebecca oherwydd i ddeddf a basiwyd gan y llywodraeth yn Llundain ddirmygu'r werin bobol yng Ngorllewin Cymru. Roedd y tollbyrth ar heolydd De a Gorllewin Cymru yn gosod straen ariannol difrifol ar y ffermwyr lleol. Roeddent yn gwyrthwynebu'r taliadau uchel roedd yn rhaid iddynt eu gwneud wrth gludo eu hanifeiliaid i'r farchnad neu adre ohoni, a symud nwyddau fel bwyd, gwartheg a calch. Yn aml iawn roedd yn rhaid gwneud y taliadau hyn fwy nag unwaith y dydd. Roedd unarddeg o gwmnïau tyrpeg o gwmpas Sir Caerfyrddin gan gynnwys Ymddiriedolaeth Tyrpeg Cydweli. Roedd Meinciau o fewn cwmpas y tyrpeg yma.

Y Rebecca gwreiddiol oedd Thomas Rees neu Twm Carnabwth fel y'i gelwid. Roedd y gŵr hwn yn byw wrth draed y Preseli yng ngogledd Sir Benfro. Mae yna fwy nag un dehongliad yn egluro paham y dewiswyd yr enw Rebecca. Gwelir un esboniad yn Genesis (24:60) gan fod Thomas Rees yn aelod ffyddlon o'i gapel ac efallai i'r adnod yma ddylanwadu arno.

"Ac a fendithiasant Rebeccah ac a ddywedasant wrthi, Ein chwaer wyt, bydd di fil fyrddiwn; ac etifedd dy had borth ei gaseion."

Esboniad arall yw bod morwyn o gorff sylweddol ac o'r enw Rebecca yn benthyg ei dillad i Thomas Rees ac felly yn ei alluogi i wisgo fel menyw a chael ei adnabod fel Rebecca. Roedd ei gyd-derfysgwyr yn ogystal yn gwisgo fel menywod a galwyd hwythau yn ferched Beca. Ffurfiwyd grwpiau i ymosod ar y gatiau a'u difetha.

Doedd hinsawdd economaidd y cyfnod ddim yn dda a chafwyd cynaeafau gwael yn dilyn cyfres o aeafau eithriadol o wlyb. Roedd hyn wedi dwysáu anniddigrwydd y ffermwyr. Yn ychwanegol i hyn fe osododd y perchenogion tir, a oedd yn Saeson gan amlaf, rent afresymol, ac ar ben hyn roedd yn angenrheidiol iddyn nhw dalu'r degwm i'r Eglwys

Anglicanaidd. Sefydlwyd y degwm (neu deg y cant) ar yr hyn a gynhyrch-wyd ar y tir, er enghraifft, llafur, gwair, coed a ffrwythau. Roedd sgubor fferm Torcefen, fy nghartref innau, yn ganolfan i gasglu'r degwm yn y cylch. Rees Goring Thomas oedd perchennog Torcefen ar y pryd – roedd yn berchen ar lawer o eiddo ac roedd yn adeiladu plasdy ar ei fferm Gellywernen ger Llannon. Yn 1843 fe ymosododd Rebecca a'i merched ar Gellywernen a oedd yn gartref i ddyn o'r enw Mr Edwards. Ef oedd yn casglu'r degwm ar ran Rees Goring Thomas. Ond o 1836 ymlaen bu rhaid talu'r degwm mewn arian ac nid mewn nwyddau neu gynnyrch.

Ond y tollbyrth sbardunodd ddechrau'r terfysg. Sefydlwyd Ymddir-iedolaethau Tyrpeg, fel Ymddiriedolaeth Tyrpeg Cydweli, er mwyn cadw'r heolydd a gwella'u cyflwr a chodwyd y gatiau er mwyn casglu arian i dalu am y gwaith hwn. Bwriad Ymddiriedolath Cydweli oedd cysylltu Cydweli â Llandeilo er mwyn galluogi ffermwyr ardal Llandeilo i ddanfon eu cynnyrch yn syth i Gydweli ac oddi yno yn y pen draw ar y trên i wahanol ardaloedd. Serch y bwriad canmoladwy hwn dim ond i gyrion Meinciau y cyrhaeddodd yr heol. Pen Trympeg oedd diwedd y daith i'r heol yma lle ymunodd â'r heol fawr rhwng Caerfyrddin a Llanelli.

Yn yr Efail Wen, Sir Gaerfyrddin, yn 1839 llosgwyd y gât gynta ac er i'r ymosodiadau dawelu am ychydig fe barhaodd yr ymosodiadau hyd 1843. Bu rhaid aros tan y flwyddyn honno cyn gweld yr ymosodiad cynta yn ardal Cwm Gwendraeth. Clwyd y Garreg, Cydweli, oedd gwrthrych yr ymosodiad ar y 4ydd o Chwefror 1843.

Gwelwyd dwy fil yn gorymdeithio drwy dre Caerfyrddin ac ymosod-wyd ar wyrcws y dre. Dau fis yn ddiweddarach gwelwyd tair mil o gefnogwyr Beca yn casglu ar Fynydd Sylen i brotestio. Gellir dweud mai yn ystod yr haf 1843 y gwelwyd ymgyrch Rebecca yn ei hanterth. Arweiniodd hyn at gryn anfodlonrwydd tuag at Beca a'i merched yn y wasg ac mae rhifyn ym mis Mehefin 1843 o'r *Carmarthen Journal* yn enghraifft o hynny:

A few nights ago these vagabonds were at their work of demolition at Llandyssil where they completely destroyed the turnpike gate. They also paid a visit to Pembrey gate and on Monday night to Penllwynau gate on the Brechfa road both of which were entirely destroyed. We sincerely trust that the Government will take such steps as will put an end to this extraordinary combination of depredators who have, for so long a period, carried on their vile practices with impunity.

Ymosodwyd ar gât y Meinciau ar y pedwerydd o fis Gorffennaf. Roedd gât Meinciau rhwng Tŷ'r Gât (a elwir bellach yn Penybryn) a thafarn y Black ar sgwâr y pentre. Dinistrwyd, yn ogystal, gatiau ym Mynydd-ygarreg, Cydweli a Phontiets. Ychydig yn ddiweddarach bu ymosodiad arall yn ardal Llanddarog, Porthyrhyd a Meinciau. Mae'r *Journal* hefyd yn nodi i gatiau gael eu chwalu ar yr un pryd ym Mhontyberem, Cydweli (dwy gât) a churwyd ceidwad tollborth Castell Rhingyll yn ddidrugaredd.

Bu difrod mawr i'r tollbyrth ac roedd ambell i adroddiad am ymosod-iadau ar offeiriadon yr Eglwys yn dilyn y rheidrwydd i dalu'r degwm i'r eglwys yn Lloegr er bod mwyafrif llethol y bobol yn anghydffurfwyr. Yn yr ymosodiad ar dollborth yr Hendy bu farw Sarah Williams, ceidwad y tollborth. Mae yna dystiolaeth bod nifer o ferched Beca yn cymryd rôl gwarchodwyr ac yn ymosod ar ddihirod yr ardal yn ogystal â thadau plant anghyfreithlon neu blant drwy'r clawdd fel y'u gelwid. Ar Fedi 6ed 1843 fe ymosodwyd ar gât Pontarddulais. John Hughes (Jac Tŷ Isha) o'r Tymbl arweiniodd yr ymosodiad ond cafodd ei ddal a'i ddefrydu i dreulio ugain mlynedd fel alltud yn Tasmania, Awstralia.

Yn 1843 danfonwyd Dai Cantwr a Sioni Sgubor Fawr i Awstralia am droseddu ond bu rhaid i'r Llywodraeth sefydlu Comisiwn i ymchwilio i'r drwgdeimlad aruthrol oedd yn bodoli yng nghefn gwlad Cymru.

O'r diwedd yn 1844 cafwyd gwared ar yr holl gatiau a bu rhaid i'r awdurdodau dderbyn methiant. Ni welwyd y gatiau byth mwy. Pasiwyd deddf yn newid y cyfreithiau oedd yn rheoli Ymddiriedolaethau Tyrpeg yng Nghymru.

Addysg ac Ysgol Gwynfryn

Mae hanes addysg o fewn yr ardal yn perthyn, wrth gwrs, i hanes addysg yng Nghymru gyfan. Yn ystod y canol oesoedd nid oedd rhan helaeth o boblogaeth Cymru yn derbyn unrhyw fath o addysg. Dim ond plant y tirfeddianwyr oedd mewn sefyllfa ariannol ffodus i fynychu yr ychydig ysgolion oedd yn bodoli yr adeg honno.

O gwmpas 1699 sefydlwyd ar draws y wlad y *"Society for the Promotion of Christian Knowledge"*. Roedd yr addysgu yn y Gymraeg a'r Saesneg a chyhoeddodd y mudiad Y Beibl Cymraeg. Yn ogystal â dysgu'r holwyddoreg a llythrennedd byddai'r bechgyn yn dysgu rhifyddeg a'r merched yn dysgu gwnïo, nyddu a gwehyddiaeth. Cynhaliwyd yr ysgolion hyn mewn amrywiaeth o adeiladau a bu Gruffydd Jones Llanddowror yn weithgar iawn dros y mudiad. Ond doedd Gruffydd Jones ddim yn teimlo fod yr iaith Gymraeg yn cael y lle teilwng yn y sefydliad hwn a thrwy hynny roedd y werin bobol yn colli allan. Dyma gychwyn ar ei Ysgolion Cylchynol.

Gwnaeth Gruffydd Jones Llanddowror gyfraniad aruthrol o bwysig i addysg y werin bobol. Roedd nifer o'i ysgolion cylchynol yn yr ardal. Rhwng 1739 ac 1768 roedd 24 o'r ysgolion yma yn bodoli ac yn hyfforddi 1,310 o ddisgyblion yn ôl yr adroddiadau a ddanfonwyd at Gruffydd Jones bob chwarter. Dysgu darllen y Beibl oedd prif amcan yr ysgolion a byddai pobol o bob oedran, yn ogystal â'r plant, yn eu mynychu. Cynhelid yr ysgolion yn ystod y gaeaf gan fod gwaith y ffermydd ychydig yn ysgafnach yr adeg honno o'r flwyddyn. Byddai tîm o athrawon teithiol yn sefydlu'r ysgolion ac yn aros am o gwmpas tri mis cyn symud ymlaen i ganolfannau eraill gan adael pob ysgol i ddatblgu ei hathrawon ei hun.

Nid nepell o'r Meinciau cynhaliwyd yr ysgolion hyn yn Eglwys Llangyndeyrn, Tŷ Iets ym Mhontiets, Cilgarw, Gwndwn Bach, Capel Dyddgen, Parc Matho ger Glyn Abbey a'r Laswern. Yn anffodus, oherwydd diffyg arian, marw allan wnaeth yr ysgolion ond llwyddwyd i greu awyrgylch addas i feithrin awydd yn y bobol gyffredin am addysg.

Daeth dau fudiad arall i lenwir bwlch, sef yr ysgolion preifat ac elusennol ac ysgolion Sul Thomas Charles. Yn 1822 agorodd Evan Donald Evans ysgol elusennol ym Mhontantwn. Roedd yr ysgol hon yn boblogaidd iawn ond symudwyd hi i Gaerfyrddin. Yn ôl cyfrifiad 1861 roedd Eliza Benbough, merch Edward ac Elizabeth Benbough, gynt o Gellygatrog, yn gyfrifol am 'Ysgol Wladol' yng Nghydweli. Roedd nifer o'r ysgolion elusennol ynghlwm â'r Eglwys a chyfeirir atynt yn aml iawn fel Ysgolion Gwladol. Daeth yr ysgolion yn rhan o'r gyfundrefn wladol yn y pen draw naill ai fel ysgolion yn cael eu gweithredu fel rhan o'r gyfundrefn neu fel ysgolion ffydd yn cael eu hariannu gan y wladwriaeth.

Yn yr ysgolion a fodolai tua hanner cyntaf y bedwaredd ganrif ar bymtheg, ychydig iawn o Gymraeg a ddefnyddiwyd. Saesneg ar y cyfan oedd y cyfrwng yn yr ychydig *National Schools* oedd yn bodoli ar y pryd. Dyma gyfnod y *Welsh Not* a oedd yn ffordd o orfodi plant, mewn rhai ysgolion, i siarad Saesneg yn yr ysgol. Fe fyddai darn o bren yn cael ei roi i unrhyw blentyn fyddai'n cael ei glywed yn siarad Cymraeg yn yr ysgol ac i'w drosglwyddo i'r nesaf fyddai'n siarad yr iaith. Ar ddiwedd y dydd y plentyn oedd â'r *Welsh No*t o gwmpas ei wddf fyddai'n cael ei gosbi. Felly gorfodwyd y plant i beidio â siarad Cymraeg yn yr ysgolion.

Gwelwyd cyfnod eithaf cythryblus yn hanes Cymru tua chanol y bedwaredd ganrif ar bymtheg gyda gwrthryfel a therfysg ar draws y wlad. Bu tipyn o drafod yn San Steffan pan ofynnwyd cwestiynau ynglŷn â thuedd y Cymry i dorri'r gyfraith, fel y gwelwyd yn ystod terfysgoedd Beca rhwng 1839 a 1843. Roedd rhai yn tybio mai'r iaith Gymraeg oedd yn gyfrifol, ac yn dilyn araith yn 1846 gan Gymro, William Williams, aelod seneddol Coventry, comisiynwyd adroddiad seneddol ar le'r Gymraeg yn y system addysg. Yn yr adroddiad hwn cafodd yr iaith Gymraeg a moesau'r Cymry eu cystwyo'n ofnadwy. Dyma'r adroddiad a gafodd yr enw Brad y Llyfrau Gleision. Cododd storm pan gyhoeddwyd yr adroddiad yn 1847, yn enwedig yr adrannau hynny lle'r oedd y comisiynwyr wedi mynd tu hwnt i'r hyn y gofynnwyd iddynt ei wneud, a gwneud sylwadau am foesau'r Cymry.

Ym mhlwyf Llangyndeyrn roedd pedair ysgol ddyddiol yn bodoli yn 1847 yn ôl y *Carmarthenshire Database*. Yr ysgolion hynny oedd Ysgol yr Eglwys yn Llangyndeyrn, Ysgol Wesleyaidd Ffosfelin, Ysgol y Meinciau yng nghapel y Bedyddwyr ac Ysgol Breifat Mrs Peters yn Pontiets.

Roedd Ysgol Sul ym Moreia Meinciau hefyd a gwelwyd yn yr adroddiad fod wyth o athrawon (dynion i gyd) yn gyfrifol am 30 o fechgyn a 33 o ferched dan bymtheg ac 18 o fechgyn ac 11 o ferched dros bymtheg. Defnyddiwyd Cymraeg a Saesneg ac fe nodwyd fod 36 yn medru darllen yr ysgrythur.

Dywed adroddiad y Llyfrau Gleision fod y ddarpariaeth addysgol yng Nghymru yn ddiffygiol iawn. Honnai'r adroddiad fod y Gymraeg yn anfantais ddirfawr a dylid canolbwyntio ar Saesneg er mwyn gwella cyflwr moesol a materol y bobl. Ond rhaid ystyried mai tri bargyfreithiwr, uniaith Anglicanaidd o Loegr, oedd y bobl a ymchwiliodd i'r sefyllfa oedd yn bodoli yng Nghymru ac felly rhaid gofyn a oeddent yn gymwys i ymgymryd â'r ymchwil yma. Dyma y sylwadau a wnaethpwyd yn dilyn ymweliad William Morris â'r ysgol ym Meinciau.

Meinciau School

The master of this school, which is held in a Baptist chapel, is a member of the Church of England; he pays no rent He told me that he does not receive enough from his school to support him, although he has no family; his brother who is a carpenter at Merthyr, has frequently to send him money. He told me that he lived many weeks in December last on only two scanty meals a day; he could not speak English correctly. I saw the following sentences written in several of the copy books although the handwriting was good: "Time slides insencible," "Wise men consceal their own private misfortunes."

The scholars were mostly labourers, and (a few of them) farmers' children. There were no desks, but the scholars write kneeling on the chapel benches.

Feb 4 1847   *(signed) William Morris*
                                       Assistant

Llyfrau Saesneg a ddefnyddiwyd yn yr ysgol ond defnyddiwyd y Gymraeg ar lafar. Roedd yr athro yn 46 oed a bu yn dysgu oddiar iddo fod yn 22 oed. Gwas fferm oedd cyn hynny ond does dim cofnod ble y cafodd ei hyfforddi. Yn ôl cyfrifiad 1841 roedd athro ysgol o'r enw John Davies yn byw yn y pentref gyda'i wraig Sarah a dau o blant, Mary ac Elizabeth. Mae'n bosib y bu ef yn gweithio yn yr ysgol yma hefyd.

Daeth newid gyda phasio Deddf Addysg 1870 gan ei bod yn gorfodi pob plentyn i dderbyn addysg gynradd. O ganlyniad, codwyd nifer o ysgolion yng Nghwm Gwendraeth, fel ar draws gweddill Cymru. Adeiladwyd yr hen ysgol eglwys ym Mhontiets, nid nepell o ysgol bresennol Gwynfryn, pymtheg mlynedd cyn hynny, yn 1855. Sefydlwyd yr ysgol hon drwy haelioni Richard Jennings, Gellideg. Cymerai'r gŵr hwn ddiddordeb yn addysg yr ardal trwy gefnogi nifer o ysgolion. Dyn o'r enw Mr Davies oedd y prifathro cyntaf a dywedwyd ei fod yn hynod o dda yn pwnio gwybodaeth i mewn i'r plant, yn enwedig pan oedd yn defnyddio ei ffon! Dilynwyd ef gan Mr Lewis, Mr Howells a Mr Jenkins ond does fawr o wybodaeth am y bobol hyn.

Ceir yn y llyfrau log gipolwg ar fywyd yr ysgol a'i hamgylchfyd, fel y gwelir yn yr enghreifftiau sydd yn dilyn. Gwelir toreth o enghreifftiau hefyd yn llyfr *Atgofion* a gyhoeddwyd yn 1996 i ddathlu canmlwyddiant yr ysgol.

Roedd presenoldeb yn bwysig iawn i'r prifathrawon a cheir nifer o gyfeiriadau at hyn yn y llyfrau log sydd yn dyddio nôl i 1869:

23rd June 1869 – A decrease in the attendance. Many children at the Railway which was opened for mineral traffic today.

Dyma gyfeiriad at orsaf y rheilffordd ym Mhontiets:

15th November 1869 – Carmarthen Fair day. Being also very wet made attendance very low. Was disturbed by children coughing.

21st November 1873 – Some farmers' children absent today – turnip taking.

October 1880 – At least 60-80 children regularly at home in the district.

December 1880 – The attendance officer called visited the neighbourhood and warned the parents to send their children to school, the beneficial result being that the average has risen to 113.2 and

Monitors had to be employed to cope with the increase numbers in teaching the 1st class.

Ar adegau byddai'r plant yn cael breib er mwyn dod i'r ysgol:

10th May 1895 – Schoolchildren given a treat. There was a magic lantern exhibition given free in the evening to the schoolchildren by the Master. This has made a visible improvement in attendance.

Roedd y prifathrawon yn cael eu talu yn ôl presenoldeb y plant yn ogystal â chanlyniadau'r arholiadau mewn darllen, ysgrifennu a symiau – hyn yn dilyn canllawiau yr Arolygwr Ysgolion. Roedd tâl o ddau swllt ac wyth ceiniog y flwyddyn am bob plentyn fyddai'n bresennol dau gant o weithiau yn ystod y flwyddyn a hefyd yn llwyddiannus yn yr arholiad. Byddai'r tâl yn is os byddai'r plentyn yn methu'r arholiad neu yn anfoddhaol ei bresenoldeb. Mae cŵyn gan y prifathro yn 1893:

I do not intend to make any more entries in this book unless and until I am paid for last years work by the Board.

Hyd nes cafwyd Deddf Addysg Forster yn 1870 gwirfoddol oedd y gyfundrefn addysg a dyma'r cam cyntaf i sefydlu cyfundrefn wladol yn cael ei hariannu gan y llywodraeth. Yn 1880 cafwyd deddf arall yn gorchymyn pob plentyn i dderbyn addysg nes ei fod yn 13 oed. Felly, roedd plant o 5-13 yn medru derbyn eu haddysg bellach o fewn cyfundrefn wladol.

Yn 1893 roedd Bwrdd Ysgolion y Plwyf wedi cymryd cyfrifoldeb am addysg ac fe adnabuwyd yr ysgol fel y *National School*. Yna, tair blynedd yn ddiweddarach, yn 1896, agorwyd Ysgol Gwynfryn i gymryd lle'r hen ysgol. Y prifathro yn ystod y cyfnod hwn oedd R. F. Mathews a dyma beth ysgrifennodd gyntaf yn y llyfr log:

I, R. F. Mathews, commence as Master of this school find children with few exceptions ignorant of English. Discipline very defective. First class unable to write down 50,050. Pronounciation also bad.

Cyn 1870 doedd addysg ddim yn orfodol.

19th April 1871 – Admitted a girl this week who was over 10 years of age but had never been to any school before.

Mae cyfeiriadau diri at gosbi plant:

29th April 1870 – Punished several of the children for being late this morning.

6th December 1895 – Had to cane John Thomas Caegarw for coming behind a female monitor after being put by the wall and raising her clothes. The matter kept him home the remainder of the week.

March 1899 – A boy Edwin Williams severely punished for entering the girls playground.

Roedd yr ysgol yn cau weithiau am resymau amrywiol:

19th October 1896 – On Monday and Tuesday afternoon we closed school. Thanksgiving services at Minke and in the neighbouring Church.

16th July 1886 – School was closed yesterday as the Master was carrying his hay in.

28th November 1892 – The school opened today (Monday) as usual but as a few children suffered from Scarlet Fever only 88 were present, and in the afternoon Dr Bowen-Jones the District Medical Officer of Health came round and ordered an immediate closing of the school for a fortnight at least and then to see how the epidemic would be.

10th February 1893 – School was closed today as the Parish Annual Ploughing Match was held.

Trefnwyd cyngherddau, a byddai'r plant yn cystadlu mewn eisteddfodau:

15th February 1895 – The concert for the benefit of the scholars was a decided success . . . The rendering of the Cantata by the schoolchildren gave every satisfaction and made the desired good impression.

7th May 1897 – Children's choir successful at Cwmawr Eisteddfod.

Ceir disgrifiadau o waith y plant yn y dosbarth:

28th August 1875 – Slow progress made in Geography and Grammar as many of the children understand but little English.

Roedd sefyllfaoedd anodd yn codi weithiau:

18th March 1896 – I regret to have to report hereon the insubordination of the Assistant L. A. Jones. It should have been entered before but I had hopes she would change. Whenever any complaint is made to her instead of submitting I am bullied till I leave the room. A report of this today will be sent to the managers.

Yna chwech wythnos yn ddiweddarach:

1st May 1896 – Miss Jones allowed to resign.

Gwelir yn y llyfrau ambell i gyfeiriad tuag at ddigwyddiadau pwysig yn y gymuned, fel ymddangosiad y car cyntaf yn y pentref ym mis Tachwedd 1910 pan ddaeth pensaer y sir i ymweld â'r ysgol. Nodir dau ffrwydriad yng ngwaith glo Ponthenri yn 1920 ac 1924 pan gollodd rhai o blant yr ysgol dadau a brodyr. Yn 1921 roedd y glowyr ar streic a threfnwyd prydau bwyd ar gyfer y plant oedd mewn angen.

Danfonwyd faciwis i Ysgol Gwynfryn yn ystod yr Ail Ryfel Byd:

13th September 1941 – The Headteacher cleared standard 5 classroom in order to accommodate approximately 36 children from Mayhill Junior School, Swansea. They had been at the Old National School since 23rd of May 1941 in charge of their own teacher Mr Bibby.

Dyma restr y prifathrawon o 1869 hyd heddiw:

R. F. Mathews:	8fed Ionawr1869–27ain Ionawr1870
William Harries:	7fed Chwefror 1870–23ain Hydref1871
Thomas Davies:	26ain Rhagfyr 1871–27ain Ebrill 1894
Evan John Davies:	1af Mai1894–31ain Gorffennaf 1924
Thomas Thomas:	1af Medi 1924–29ain Ionawr 1947
Evan Caron George:	31ain Mawrth 1947–31ain Rhagfyr 1972
Dilwyn Roberts:	1af Medi 1973–1988

Penodwyd Graham Thomas yn brifathro i ddilyn Dilwyn Roberts ond oherwydd salwch bu rhaid iddo ymddeol cyn ymgymryd â'i waith.

Cerys Francis oedd y brifathrawes gyntaf yn Ysgol Gwynfryn a bu yn ei swydd o mis Medi 1989 hyd nes iddi ymddeol ar ddiwedd tymor yr haf 2010 – cyfnod o un flynedd ar hugain, er iddi fod yn athrawes yn yr ysgol am ychydig flynyddoedd cyn ei dyrchafiad.

Erbyn hyn Rhian Evans yw'r brifathrawes newydd. Mae Ysgol Carwe a Gwynfryn o dan ei gofal yn dilyn ail strwythuro ysgolion cynradd yn yr ardal.

Roedd sylwadau Ken Williams, 'Awelfan', ar ei gyfnod yn Ysgol Gwynfryn yn ystod y tri degau yn ddiddorol:

"Rwy'n cofio cerdded i Ysgol Gwynfryn bob dydd, haf a gaeaf. Doedd hi ddim yn rhwydd iawn i blant pump oed gerdded lawr yn y bore ac yna dringo lan y tyle serth 'na ar y ffordd adre. Roedd defnyddio'r wialen yn rhan o'r gosb a'r ddisgyblaeth ac roedd hyn yn digwydd yn rheolaidd. Roedd y prifathro ei hun yn ddisgyblwr i'r carn. Doedd dim amser i'w dreulio ar chwarae – dysgu oedd popeth ac roedd nifer o blant yn llwyddo bob blwyddyn yn y *scholarship* ac yn ennill lle yn y *Gram* hynny yw ysgolion y bechgyn a'r merched yng Nghaerfyrddin."

Fy Atgofion Innau

Yn fy nghyfnod innau yn Ysgol Gwynfryn Mr George oedd y prifathro a'r athrawon oedd Miss Davies, Miss Mollie Rees (Thomas ar ôl priodi),

Miss Glenys Howells a Mr Ken Williams. Roedd yn ysgol hapus ac roedd parch aruthrol tuag at yr athrawon. Drws nesa i'r ysgol mae *Gwynfryn House*, cartref Gertie Thomas, gweddw y cyn-brifathro yr adeg honno. Roedd ofn Gertie arnom fel plant ac wrth gwrs byddai'r bêl yn mynd i mewn i ardd Gertie yn fynych. Doedd dim gwerth cnocio a gofyn am ganiatâd i ôl y bêl oherwydd "Na!" fyddai'r ateb. Doedd dim amdani ond sleifio i mewn yn dawel a sleifio allan cyn i Gertie ein gweld.

Niwlog iawn yw'r cof am y gwaith academaidd. Dim llawer o ddiddordeb siwr o fod ond Miss Davies oedd fy athrawes gyntaf ac i mi roedd Miss Davies yn fenyw Amasonaidd o ran corff ac yn dyner iawn o ran natur. Rwy'n cofio'r poteli llaeth yn cael eu cadw o flaen y tân yn ei dosbarth ac yn ystod y gaeaf yn aml iawn byddai'r poteli hyn wedi rhewi pan fydden nhw'n cyrraedd yr ysgol. Ond, bydden nhw wedi cynhesu a thoddi ychydig, erbyn amser chwarae o flaen y gwres tanbaid oedd yn treiddio drwy'r ystafell o le tân Miss Davies. Ar ddiwrnod gwlyb byddai dillad y plant, a'r athrawon am wn i, yn sychu ar y gwarchodydd fyddai o gwmpas y tân. Tybed ai fy nychymyg sydd yn dweud bod tywydd y gaeaf yn llawer mwy eithafol yr adeg honno! Ar ddiwrnodau gwlyb byddai y merched hŷn, sef Medwen Jenkins a'i ffrind Gill, yn gofalu amdanom amser chwarae yn nosbarth Mr Williams. Yn sicr roedd nodweddion athrawon yn y ddwy hyd yn oed yr adeg honno. Byddent yn cael ni allan yn ein tro i adrodd storïau ar y pryd i weddill y dosbarth. Wrth gwrs bu mam Medwen, Miss Jane Enoch, yn athrawes ddylanwadol yn yr ysgol am ugain o flynyddoedd.

Dosbarth Mollie Rees oedd yn dilyn ac eto bach iawn rwy'n cofio. Yna, dosbarth Miss Howells ac erbyn hyn roeddwn yn ymwybodol fy mod i yn cael pleser wrth ddarllen. Cefais i fonclust unwaith am beidio â dilyn rhyw blentyn oedd yn straffaglu wrth ddarllen yn gyhoeddus yn y dosbarth a minnau, yn awyddus i fynd ymlaen, wedi darllen tudalen neu ddwy o flaen y darllenwr swyddogol. Dosbarth Ken Williams oedd nesaf ac yna cyrraedd y brig – dosbarth y plant mawr, sef dosbarth Mr George, y prif-athro.

Mewn rhesi oedd y plant yn eistedd, dau wrth bob desg. Dyna oedd y patrwm ag eithrio dosbarthiadau Miss Rees a Miss Davies. Dwy ddim yn cofio trefniant y dosbarthiadau hynny o gwbwl. Rwy'n cofio ysgrifennu traethodau diri, gwneud symiau, ychydig o hanes a daearyddiaeth ond roedd paratoi ar gyfer arholiad y *scholarship* yn hanfodol bwysig. Unwaith byddai un flwyddyn wedi gorffen yr arholiad honno, byddai'r flwyddyn nesa yn dechrau ar y gwaith!

Roedd diwrnod y *scholarship* yn ddiwrnod mawr. Mynd gyda'r bws i *Ysgol y Gram* yng Nghaerfyrddin i sefyll yr arholiad a fyddai yn penderfynu pa ysgol y byddwn yn ei mynychu ar ôl gwyliau'r haf. Llwyddodd nifer ohonom, a'r *Gram* oedd yn ein disgwyl. Ond i mi beth oedd yn bwysig oedd y ffaith mod i yn cael bat a wicedi criced am lwyddo ac, wrth gwrs, y cyfle nawr i chwarae rygbi yn yr ysgol newydd. Roedd chwaraeon yn holl bwysig i mi ac mae hyn wedi parhau ar hyd fy mywyd. Criced oedd gêm Mr George ac fe ddysgodd lawer i mi am dechneg batio a bowlio – cyngor wnes i fyth ei anghofio. Roedd cyfle i chwarae criced yn erbyn ysgolion eraill yr ardal ac yn y gaeaf chwarae pêl-droed yn erbyn yr ysgolion hynny yn ogystal. Ond, yn anffodus, prin iawn oedd y gêmau hynny. Roedd yr hen *scholarship* yn rheoli!

Mae gen i gof da o drip yr ysgol i Lundain. Mynd ar y trên yng nghwmni ysgolion y cwm. Pob un ohonom yn gorfod gwisgo tab o gwmpas ein gyddfau –"*If found lost please return to Paddington Station by 5.00*". Rwy'n meddwl i ni gyd gyrraedd gartref yn ddiogel. Rwy'n cofio hefyd i ni'r plant dderbyn parsel o Awstralia. Parsel yn cynnwys tuniau ffrwyth o bob math, llaeth "condensed" ac ambell i beth arall sydd wedi mynd yn angof erbyn hyn.

Fi oedd yr unig fachgen yn yr ysgol oedd yn derbyn gwersi piano a doedd hynny ddim yn rhywbeth roeddwn yn ymfalchïo ynddo. Roedd gorfod cario'r cês bach yn dân ar fy nghroen. Cynhaliwyd y gwersi yma amser cinio pan oedd y bechgyn yn chwarae pêl-droed ar yr iard a doedd hynny yn sicr ddim yn help o gwbl. Unwaith yr wythnos oedd y gwersi yma a'r athrawes oedd Lil Walters a oedd yn byw yn agos iawn i'r ysgol. Rwy'n tybio mai uchelgais fy mam yn y pen draw oedd gweld y crwt bach yn datblygu i chwarae'r organ yn y capel. Rwy'n siwr iddi sylweddoli yn weddol fuan nad oeddwn yn rhannu ei gobeithion. Ond, chwarae teg, fe gyrhaeddodd fy chwaer Margaret y pinacl yma ac mae'n dal i fod yn un o organyddion Moreia ar ôl blynyddoedd wrth y gwaith. Rwy'n siwr y byddai Mama yn falch iawn ohoni. Mae'n rhaid i mi gyfaddef fy mod wedi difaru ers blynyddoedd bellach na wnes ddal ati ar y piano.

Daw'r gwersi canu i'r cof hefyd. Byddai'r ysgol gyfan yn ymgynnull yn nosbarthiadau Miss Rees a Miss Davies, a'r 'partition' oedd yn rhannu y ddau ddosbarth wedi ei dynnu nôl. Roeddwn wrth fy modd yn canu ond ar adegau roedd gormod o sŵn yn dod allan siwr o fod a byddwn yn cael fy rhybuddio i ganu'n dawelach. Ond crwt o'r Meinciau oeddwn i ac mae pobol y Meinciau yn canu gydag arddeliad – yn llawn *"gusto"*.

Byddai cyngerdd yr ysgol yn boblogaidd iawn. Roedd y rhieni yn brysur yn paratoi'r llwyfan yn nosbarth Miss Davies ac yna wedi agor y 'partition' trawsnewidwyd y dosbarth yn Neuadd Gyngerdd yr Albert Hall! Cyngherddau Nadolig oedd y cyngherddau hyn ac yn cynnwys pob plentyn yn yr ysgol. Doeddwn i ddim yn sylweddoli yr adeg honno y byddai'r llwyfan yn chwarae rôl bwysig yn fy mywyd innau flynyddoedd yn ddiweddarach.

Tra roeddwn yn Ysgol Gwynfryn bu rhaid i mi fynychu'r 'clinic' yn Neuadd Pontiets. Traed fflat oedd y drafferth ac roedd yn angenrheidiol gwneud ymarferion i geisio unioni'r broblem. Dwy ddim yn meddwl i'r ymarferion wneud unrhyw les – mae'r un traed gyda fi o hyd ac maen nhw mor fflat ag y buon nhw erioed. Ond roedd yr ymweliadau hyn yn caniatáu i mi ddod i adnabod plant Ysgol Pontiets neu Ysgol Pentre Draw fel oeddem yn ei galw. Mi wnes i ffansïo Margaret Rees, Tŷ Isha, ond priodi Heddwyn Jones, cefnder Dianne, y ferch briodais inne, wnaeth Margaret yn y pen draw. Ie, lle difyr iawn oedd y clinic ac ysgol hapus oedd Gwynfryn.

Dosbarth Miss Howells, 1952.

71

Gwaith yn yr ardal

Fel ym mhob pentre arall yng Nghwm Gwendraeth enillai nifer o wŷr ardal y Meinciau eu bara a'u caws yn y gweithfeydd glo oedd yn frith yn y cwm. Mae ardal y gweithfeydd glo yn ymestyn o Fae Caerfyrddin i'r Mynydd Mawr ar hyd dyffryn y Gwendraeth Fawr. Saif Meinciau ar y gribyn rhwng y ddau gwm – y Gwendraeth Fawr a'r Gwendraeth Fach; yr ardal lofaol ar yr un ochr a'r ardal amaethyddol yr ochr arall. Mae'r ddau ddyffryn yn hollol wahanol. Ceir pridd coch da a chyfoethog ar hyd y Gwendraeth Fach yn wahanol i'r hyn a welir ar hyd y Fawr, er fe ffynnai ychydig ffermydd wrth ochr y diwydiant glo hefyd. Y gwahaniaeth rhwng y ddau gwm yw natur daeareg y ddau. Yn anffodus hagrwyd y tirwedd wrth godi y pylons anferth yng nghanol y ganrif olaf.

O ganlyniad i dyfiant y diwydiant glo fe ddatblygodd pentrefi sylweddol eu maint ar hyd y Gwendraeth Fawr, pentrefi fel Trimsaran, Carwe, Pontiets, Ponthenri, Pontyberem, Cwmmawr, Drefach, Y Tymbl, Cross Hands, Cefneithin, Gorslas a Phenygroes. Ymfudodd niferoedd sylweddol i'r pentrefi hyn, yn enwedig o ardaloedd gwledig Sir Gaerfyrddin a Cheredigion. Ar y llaw arall pentrefi bychain yw pentrefi'r Gwendraeth Fach er bod tipyn o adeiladu yn ddiweddar yn nifer ohonynt. Eto i gyd mae Porthyrhyd, Llanddarog, Llangyndeyrn, Pontantwn a Llandyfaelog dipyn yn llai o'u cymharu â'u cymdogion yn y cwm arall. Mae'r cribyn sy'n ymestyn o Landybie i ardal Llyn Llech Owain, gan gynnwys Mynydd Llangyndeyrn i lawr hyd at Fynyddygarreg yn rhannu'r ddau gwm ac yn gartref i'r garreg galch. Gwelir y cloddio am y garreg hon yng nghwerydd Llandybie, y Torcoed gerllaw Crwbin, cwar Blaenyfan, Meinciau, yn ogystal â Mynyddygarreg.

Yn cofleidio'r ddau gwm, fel petai, mae tref Cydweli er, hyd yn ddiweddar, dwy ddim yn credu fod trigolion a chyngor Cydweli yn gweld y dref fel rhan o Gwm Gwendraeth. Ond erbyn heddi, a diolch i ddylanwad Menter Cwm Gwendraeth, rwy'n teimlo bod hyn yn raddol newid.

Wrth gwrs, nôl yn oes y Normaniaid a chynt coedwigoedd oedd yn gorchuddio Cwm Gwendraeth. Castell coed oedd y castell adeiladodd y

Normaniaid yng Nghydweli yn wreiddiol. Ond pan dechreuodd ffermio ddatblygu, yn raddol, fe ddiflannodd y coedwigoedd. Fe welwyd yr angen i ddefnyddio calch ar y tir. Gwelwyd y crefftau bach gwledig yn datblygu a chloddiwyd am lo hwnt ac yma ar hyd yr ardal. Mae sôn am gloddio glo yng Nghwm Gwendraeth ym mlynyddoedd cynnar yr unfed ganrif ar bymtheg. Glo ar gyfer teuluoedd yr ardal oedd yn cael ei gloddio yr adeg honno ac hefyd ar gyfer yr odynau calch oedd yn bodoli. Bu cloddio am haearn yn ogystal gan ei fod ar gael yng nghreigiau'r ardal. Roedd ffwrnesi Pontiets a Ponthenri yn brysur. Codwyd ffwrnes Ponthenri yn yr unfed ganrif ar bymtheg. Mae tystiolaeth ei bod yn gweithio yn 1611. Daeth ffwrnes Pontiets i fodolaeth yn ystod y ddeunawfed ganrif.

Yn raddol ehangodd y diwydiant glo ac fe gyflymodd ei dŵf tua diwedd y bedwaredd ganrif ar bymtheg. Roedd adeiladu'r camlesi ac yna'r rheilffyrdd yn allweddol yn y datbygiad hwn. Camlas Kymer, o Garwe i Gydweli, oedd y gamlas gyntaf i'w hadeiladu yng Nghymru. Thomas Kymer adeiladodd y gamlas rhwng 1766 ac 1768 er mwyn cludo glo o'i weithfeydd glo yn ardal Carwe i Gydweli. Roedd llwyddiant y gamlas hon yn sbardun i eraill, fel Iarll Ashburnham, i adeiladu camlas o'i weithfeydd glo yn ardal Mynydd Penbre ar draws y morfa i Gydweli. Ymestynnodd y 'Kidwelly and Llanelly Canal and Tramroad Company' gamlas Kymer i fyny'r cwm o Garwe i Gwmmawr. Ond, gyda dyfodiad y rheilffyrdd, daeth hon yn ffordd hwylusach eto i gludo glo, calch a mwyn – yn ogystal â phobol. Roedd datblygiad y rheilffyrdd yn golygu bod oes y gamlas yn dod i ben ac o fewn canrif atgof yn unig oedd y camlesi.

Roedd rheilffordd y 'Burry Port and Gwendraeth' yn ymestyn o Borth Tywyn i Gwmmawr, yn dilyn am gyfnod llwybr Camlas Kymer ac yn fwy effeithiol i gario glo lawr y cwm. Cyrhaeddodd y rheilffordd bentref Pontyberem tua 1869 ond bu rhaid aros tan 1886 cyn iddi gyrraedd Cwm-mawr. Cysylltwyd y rheilffordd hefyd â thref Cydweli ac estynnwyd y lein i gyrraedd Llanelli yn 1891 gan gysylltu â'r lein o Lanelli i'r Mynydd Mawr. O gwmpas troad y ganrif glo oedd 95 y cant o'r nwyddau roedd rheilffordd 'Burry Port and Gwendraeth' yn ei gludo. O dipyn i beth daeth yn bosib i'r cyhoedd hefyd ddefnyddio'r gwasanaeth. Yn 1922 gwelwyd rheilffordd y 'Burry Port and Gwendraeth' yn rhan o'r Great Western ac yna ymhen amser British Rail. Yn ystod y blynyddoedd cynnar roedd cymdeithasau yn defnyddio'r trên i fynd am wibdaith, i Borth Tywyn er enghraifft, ond fel daeth y gwasanaeth bysiau i fodolaeth bu trai ar ddefnyddio'r trenau ac yn anffodus gydag amser daeth diwedd ar oes y lein o Borth Tywyn i Gwmmawr. Gwelwyd y cyhoeddiad canlynol yn y *Journal*:

British Rail (Western Region) announced that passenger train service between Burry Port and Cwmawr to be withdrawn on September 21st 1953. It was 13 miles long. The following stations and halts to close: Burry Port, Pembrey Halt, Craigion Bridge Halt, Pinged Halt, Trimsaran Road, Glyn Abbey Halt, Pontyates, Ponthenry, Pontyberem, Cwmawr. An alternative bus service operated by J. James and Sons Ammanford to replace.

Yn sicr, bu oes y rheilffordd yn chwystrelliad egnïol i'r diwydiant glo yn yr ardal ond fel yr enciliodd y diwydiant glo felly enciliodd pwysigrwydd oes y trên. Yn 1996 gwelwyd diwedd cloddio'r glo brig ac yn sgîl hyn daeth diwedd ar ddefnydd y lein.

Roedd glo Cwm Gwendraeth o ansawdd da – glo caled 'anthracite', glo oedd yn disgleirio fel gwydr ac yn cael ei ystyried fel glo gorau'r byd. Er hynny, roedd ansawdd y glo caled yn amrywio tipyn o bwll i bwll ond roedd galw mawr amdano. Er poblogrwydd y glo caled yn ystod y blynyddoedd cynnar, glo y cymoedd i'r dwyrain o Gwm Gwendraeth oedd yn gyrru'r chwyldro diwydiannol. Glo tipyn mwy meddal oedd y glo hwnnw – glo *soft* fel y'i gelwir gan y brodorion.

Roedd y glo *soft* yn llosgi'n llawer haws ac yn fwy ymarferol i'w losgi yn y tanau agored oedd yn bodoli ym mhob cartref. Roedd y glo caled yn fwy anodd i'w gynnau ond, wedi ei gynnau, roedd yn cynhyrchu gwres aruthrol ac yn llosgi'n lân iawn.

Bu nifer o ddamweiniau ym mhyllau glo yr ardal a chollodd nifer o gartrefi'r ardal dad, brawd neu fab. Un o'r cartrefi hynny oedd Delfryn, cartref Dai a Maggie Morris. Lladdwyd Edward un o'r plant mewn damwain yng ngwaith glo Dynant, Y Tymbl, yn 1938.

Pan oeddwn yn Ysgol Gwynfryn, o gwmpas diwedd y pedwar degau hyd 1955, byddai plant y Meinciau yn mynd allan ynghynt na'r gweddill er mwyn dal y bws 3.10 p.m. Cyn i'r bws honno gyrraedd, yn aml iawn, byddai bws y coliers yn dod a gollwng carfan o ddynion du yr olwg yn syth o'r gwaith glo. Pa bwll glo dwy ddim yn siwr ond roedd hyn cyn oes y baddonau a'r cawodydd. Sincen o flaen y tân neu allan yn y cefn os oedd y tywydd yn caniatáu oedd yr arferiad.

Roedd gan y glowyr bron yn ddieithriad ddiddordeb mewn garddio. Rwy'n meddwl bod dau beth yn gyfrifol am hyn. Yn gyntaf, yr angen am fwydo'r teulu ac yn ail yr ochr seicolegol, gyda'r angen i weithio allan yn yr awyr agored. Roedd gweithio yn hamddenol yn yr ardd yn hollol wahanol i weithio yn nyfnderoedd tywyll crombil y ddaear.

Roedd nifer o'r glowyr yn byw mewn tyddynnod yn ogystal ac yn cadw ychydig o wartheg godro a mochyn. Bu fy nhadcu John Bowen yn chwarelwr, yn löwr ac yn ffermwr yn ei dro – tipyn o *entrepreneur* yn ei ddydd! Fe dalodd yn ddrud fel ei gyfoedion yn y pwll glo, gan ddiodde o effaith y llwch. Roedd nifer o ohonynt yn diodde yn wael iawn ac yn colli eu bywydau yn bobl gymharol ifanc.

Bu llawer o ymfudo i ardaloedd y gweithfeydd glo o'r wlad ond o gwmpas y chwe degau cynnar daeth cannoedd i'r ardal o gyffuniau Gogledd Ddwyrain Lloegr ac o Durham yn bennaf i weithio ym mhwll glo newydd Cynheidre. Ni ddylanwadodd y mewnlifiad yma ar bentre Meinciau ond yn sicr cafodd lawer o effaith ar nifer o bentrefi'r cwm a chafodd effaith sylweddol ar yr ysgolion. Yn ôl llyfr Canmlwyddiant Ysgol Gwynfryn, *Atgofion*, dyma amcangyfrif o rif y plant a symudodd i'r ysgolion canlynol o gyffuniau Durham:

Ysgol	*Rhif*
Y Tymbl	tua 28
Trimsaran	tua 78
Bancffosfelen	tua 50
Carwe	tua 85
Gwynfryn	tua 29

Does dim dwywaith i'r mewnlifiad hwn gael effaith niweidiol ar yr iaith Gymraeg. Fe wnaeth nifer o'r plant, diolch i ymdrechion yr ysgolion, ddysgu Cymraeg yn dda iawn ond roedd yn ergyd andwyol i'r Gymraeg gymdeithasol o gwmpas ein pentrefi. Er i lawer iawn ohonynt ddychwelyd yn ôl i Durham, fe arhosodd nifer ac o fewn amser gwelwyd ambell i briodas yn clymu ynghyd unigolion o'r ddwy gymdeithas a'u hieithoedd gwahanol.

Mae'n debyg y bu naw siop yn gwerthu gwahanol bethau yn y pentre ar un adeg. Mae pobol o genhedlaeth Ken Williams yn cofio rhyw bump ohonynt yn y tri degau. Rwyf finnau yn cofio pedair siop, sef Siop Ley, Siop Sâr, Siop Bryndelyn ac yna yn ddiweddarach Siop Gorwel.

Roedd gennym deiliwr llawn amser hefyd. Ef oedd John "Tilwr", tad Kerri, Ken a Maurice. Roedd gweithdy John mewn sied yng ngardd tafarn Y Black. Roedd teiliwr arall yn y pentref hefyd cyn cyfnod John, sef Jacob y Teiliwr.

Rwy'n cofio pobl fel Joseph Jones (Joe Black), Wil Morris Evans (Wil Brown), Thomas John (Y Black) a Gwyn Bryngwyddil yn gyfrifol am gadw cloddiau ein heolydd mewn cyflwr da. Yr unig dwlsyn ganddynt oedd cryman. Yn anffodus, mae'r gweithwyr hyn yn ogystal â'r gwaith hwn wedi diflannu bellach. O bryd i'w gilydd fe ddaw rhywun mewn tractor a pheiriant drudfawr o gwmpas i dwtian ychydig, gyda'r canlyniad fod cyflwr ein cloddiau am gyfnodau hir yn medru bod yn beryglus i ddiogelwch ein heolydd.

Dyn a ddaeth yn adnabyddus iawn yn yr ardal oedd y Gwyddel, Christopher Reel. Priododd Christopher Catherine, chwaer Marged Walters y Bryn, a bu'r ddau yn byw ac yn cadw siop losin drws nesa i Marged. Ers ei phlentyndod roedd Catherine yn ddall ond eto i gyd roedd yn gwybod yn hollol lle roedd pob peth yn y siop. Mae'n debyg fod ofn Christopher ar ferched y pentref, ac yn dilyn marwolaeth ei wraig fe ddatblygodd Christopher i fod yn ddyn hynod o ecsentrig a chadwai ddryll yn y tŷ rhag ofn i rywun ymosod arno. Doedd e ddim yn ymolchi nac yn edrych ar ôl ei hun a phan aethpwyd ag ef yn sâl i'r ysbyty daeth y doctoriaid o hyd i ddarn hanner coron tu fewn i groen ei droed. Mae'n debyg iddo gadw arian ym mhob man gan gynnwys ei sgidie! Serch hyn oll, roedd ochr garedig i Christopher Reel. Fe brynodd ddarn o gae Blaenyfan, lle mae'r tai newydd wedi cael eu hadeiladu o flaen y capel ac yna fe roddodd y darn tir i ieuenctid y pentref.

Yn y pum degau cynnar adeiladodd Danny a Glenys Phillips orsaf betrol a bu 'Gorwel' yn gartref i'r ddau a'u plant Delme a Lon am gyfnod. Pan symudodd Meurig Williams a'i rieni i 'Gorwel' agorwyd siop fach yno hefyd.

Bu dau saer yn gweithio yn y pentre ac un ohonynt, Wil Jones, yn meddu ar y gallu i wneud gwaith gof yn ogystal. Saer coed a chymeriad arbennig oedd Harding Jones, yn byw gyda'i wraig Ross yn eu cartref 'Tŷ Cornel'. Roedd atal dweud ofnadwy arno ond roedd hyn yn ei anwylo i bawb. Cymerai Harding ei amser cyn cyflawni cais ambell gwsmer. Mae 'na stori am un cwsmer yn archebu whilber. Blwyddyn neu ddwy yn ddiweddarach roedd y cwsmer hwnnw yn dathlu diwedd y rhyfel yn Y

Black. ac yn cerdded tua thre yn eitha hapus. Gwelodd Harding ei hen gwsmer a gwaeddodd arno:

"Mae d.d.d..dy wh…ilber.. d..d ..di'n b..barod."

" Cadwa hi," medde hwnnw, "rwy'n rhy hen i bwsho hi nawr."

Wrth edrych nôl i'r bedwaredd ganrif ar bymtheg ac ar wahanol gyfrifiadau y ganrif honno, gwelwn mai glowyr oedd canran uchel o bobol yr ardal, llawer iawn yn gweithio fel gweision ffermydd, rhai yn losgwyr calch, eraill wrthi yn cludo calch, ambell i grydd, gof a chigydd. Roedd digon o waith i gadw nifer o seiri yn brysur ac ambell i saer maen. Yn ogystal â bod yn wragedd tai ac yn forwynion mewn gwahanol ffermydd roedd rhai menywod yn cael eu disgrifio fel morwynion llaeth, gweithwragedd (*labourers*) a "*washer women*". Ym mhob cyfrifiad roedd cyfeiriadau tuag at bobol a ddisgrifiwyd fel tlodion – *paupers*. Ac yn drist iawn roedd cyfeiriadau at blant yn gorfod gweithio fel gweision ffermydd.

FFERMYDD ARDAL Y MEINCIAU

Gwinllan a roddwyd i'm gofal yw Cymru fy ngwlad
I'w thraddodi i'm plant
Ac i blant fy mhlant
Yn dreftadaeth dragwyddol;
Ac wele'r moch yn rhuthro arni i'w maeddu,
Minnau yn awr, galwaf ar fy nghyfeillion,
Cyffredin ac ysgolhaig,
Deuwch ataf i'r adwy
Sefwch gyda mi yn y bwlch
Fel y cadwer i'r oesoedd a ddêl y glendid a fu.

Mae'r geiriau hyn gan Saunders Lewis yn her ac yn berthnasol i bob yr un ohonom. Ond mae'r oes yn newid ac yn sgîl hyn mae cymdeithas yn newid, fel y gwelir drwy Gymru gyfan. Mae hyn yn wir am y Meinciau ac mae ffermydd yr ardal yn enghraifft o'r newidiadau sydd yn digwydd o oes i oes.

O gwmpas y pentre mae nifer o ffermydd a fu ar hyd y blynyddoedd yn gartref ac yn fodd i fyw i genedlaethau o deuluoedd. Newid dwylo gydag amser oedd hanes y mwyafrif ac yn aml iawn mae tipyn o hanes y gwahanol

77

ffermydd yn medru mynd ar goll. Mae'r ardal yn frith o dyddynnod yn ogystal. Roedd nifer o lowyr yn cadw ychydig o anifeiliaid ac wrth gwrs roedd rhaid felly ffermio ychydig o dir.

Gwelir y ffermydd a'r tyddynnod canlynol yn yr ardal:

Cae Gwyllt, Garnwen, Wenallt, Torcefen, Gwndwn Mawr, Pant-yrynn, Berllan, Llwynbustach, Gellygatrog, Llwynyfilwr, Tŷ Cam, Cae'r Arglwyddes, Blaenyfan, Llwynffynnon, Meinciau Mawr, Blaenlline, Mansant Ganol, Mansant Fach, Mansant Uchaf, Mansant Isa, Mansant Newydd, Ffrwd Vale, Morning Star, Bwlch-wythaint, Llancwm, Hengoed, Ffoswilkin, Penlan, Gwndwn Bach, Pantyparchell, Pantymeillion, Blaen Meillion, Pantgwynau.

Mae ambell fferm neu dyddyn wedi peidio â bod bellach – naill ai wedi ei llyncu gan ffermydd eraill neu yn adfeilion erbyn hyn. Mae enwau, er enghraifft, fel Pencerrig, Pant Hywel, Gwndwn Isaf, a Tŷ Bach (a fu wedyn yn Kiln House) wedi diflannu'n llwyr. Wrth edrych ar Restr Tystiolaeth 1846 gwelwn fod enw ambell i le ychydig yn wahanol, e.e.: Berllan yn Berllan Dywyll, Llwynyfilwr yn Parc y Milwr a Ffoswilkin yn Foes Wilkin. Fel y gwelir uchod roedd pump Mansant yn yr ardal, ac wrth edrych ar Mansant Uchaf, hen gartref Delyth Williams, gwraig y Parch. Brenig Davies, gwelir y cafodd ei adnabod fel Mansant Lloyd, Mansant Williams yn ogystal â Mansant Ganol – tipyn o gymysgwch!

Enwau Caeau
Pan mae fferm yn cael ei throsglwyddo o un genhedlaeth i'r llall o fewn y teulu mae hanes y fferm yn fwy tebygol o gael ei ddiogelu. Gwelir hyn yn glir yn y ffordd mae enwau'r caeau yn parhau o un genhedlaeth i'r llall. Mae enwau caeau yn medru hefyd dangos gwybodaeth am berchennog (Cae Tomos), lleoliad (Cae Cwar), ei ddefnydd (Cae Gwenith). Ond yn anffodus pan mae fferm yn newid dwylo yna mae perygl i'r enwau gwreiddiol fynd ar goll a gwelir enwau newydd yn tarddu i'r golwg.

Torcefen
Dengys Rhestr Tystiolaeth 1846 mai fferm o gwmpas 45 erw oedd Tor-cefen. Perchennog y fferm oedd Rees Goring Thomas a David Jenkins a'i

deulu oedd yn ffermio. Gwelir isod fel mae enwau'r caeau wedi newid ac hefyd gwelwn uno dau neu dri chae, fel yn yr enghraifft pan wnaethpwyd un waun allan o Waun Ucha, Waun Ganol a Waun Issa.

(Rwyf yn defnyddio, pan fo'n briodol, y sillafu a welir yn Rhestr Tystiolaeth 1846):

1846	*1960*
Cae Pistill Issa	Cae Caegwyllt
Cae Pistill Ucha	Cae Top
Cae Pistill	Cae Cefen
Cae o Flan Tŷ	Cae o Flan Tŷ
Cae Pheasant	Cae Pwmp
Cae Pheasant Ucha	Cae Gwndwn Mawr
Cae Pant Hwel	Cae'r Hen Dŷ
Cae Pant Hwel Fach	Cae Pant Hwel
Cae Pant	Cae Pant
Cae'r afon	Cae Draw
Waun Ucha Waun Ganol Brwyn Issa	Y Waun
Waun Fach	Waun fach

Erbyn hyn mae Torcefen wedi gorffen bodoli fel fferm amaethyddol ddeugain erw. Mae'r tŷ fferm wedi ei adnewyddu a dim ond ychydig o erwau yn perthyn iddo, y beudy a gynhwysai ran o'r hen ysgubor, lle bu'r ffermwyr lleol yn talu'r degwm dros 170 o flynyddoedd yn ôl, wedi ei drawsnewid bellach i fod yn gartref o'r enw 'Tŷ Mair' ac mae fferm Gcllygatrog wedi llyncu o gwmpas deg erw ar hugain. Gyda hyn mae enwau'r caeau unigol hynny wedi diflannu o dan ymbarél yr enw Caeau Torcefen!

Mae'r iaith Gymraeg wedi diflannu o nifer o ffermydd y cylch ac yn sgîl hyn gwelir yr hen enwau Cymraeg yn mynd ar goll.

Gwndwn Mawr

Perchennog Gwndwn Mawr yn 1846 oedd y Parch. Thomas Gronow, gyda John Jones a'i deulu yn denantiaid (dim perthynas i John Jones, tad Catherine Walters). Enwau'r caeau yr adeg honno oedd:

Waunbriwnog, Waun Gwndwn Bach, Waun Ucha, Waun Issa, Cae Issa, Caepotch, Gors ganol, Waun Fach, Gorse ffynnon, Gorse eithin, Cae ....*, Llain y Pant, Llain y Knwch, Cae flan tŷ, Cae ....*, Cae Canol, Cae Pant, Cae Newydd, Cae Knwck, Cae Mawr, Waun brwinen issa, Waun brwinen ucha.

(* anodd deall y llawysgrifen).

Canrif yn ddiweddarach enwau caeau Gwndwn Mawr yng nghyfnod Hubert a Catherine Walters oedd:

Cae Stabal, Cae Eithin, Llain Pant, Cae Pencerrig, Cae Isa, Llain, Cae Pen Tŷ, Cae Canol, Cae Bach, Cae Banc, Cae Draw.

Fel y gwelir, ychydig iawn o'r enwau sy wedi goroesi ond mae rhai o'r hen enwau wedi diflannu hefyd oherwydd uno dau neu dri o gaeau gyda'i gilydd. Mae hyn yn nodweddiadol o ffermydd yr ardal yn gyffredinol.

Teulu Delme ac Alison Davies sydd yn ffermio Gwndwn Mawr ers 1969 ac enwau y caeau erbyn hyn yw: Cae Gellygatrog, Cae Laswern, Cae Llwynbustach, Waun Torcefen, Cae Bwys Sied, Cae Bwys Tŷ, Cae Sgwar, Cae Big Bales, Waun Fawr, Cae Du, Cae Berllan, Cae Meic.

Mae'r enwau yn hollol wahanol ac yn dangos lleoliad, defnydd a cyn berchennog (Cae Meic).

Blaenyfan

Dilwyn ac Adeline Jones sy'n ffermio Blaenyfan sydd ar gyrion y pentref. Enwau caeau Blaenyfan y dyddiau yma yw:

Cae Cwar, Cae Dan Tŷ, Cae Atgos (oherwydd bod sied Atgos yn y cae), Cae Wrth y Mans, Cae Gorwel, Cae Awelon (mae'r ddau gae yma wedi eu henwi ar ôl y ddau dŷ godwyd ers y 1950au), Cae Fron, Cae Garage, Cae Gyps.

Mr a Mrs Sam Phillips oedd yn byw yn fferm Blaenyfan pan oeddwn i yn grwtyn a chefais rhestr yn ddiweddar gan Audrey, eu merch, o enwau'r caeau fel yr oeddynt yn 1950au:

Cae Bach, Cae Mawr, Waun, Cae Fan, Cae'r Hen Dŷ, Cae Gerddi, Cae Du, Cae Plwmp, Cae Garage, Cae Hade, Cae Draw, Cae Garnwen.

Dim ond Cae Garage sydd wedi goroesi o'r 1950au.
Mae'r enwau hyn yn wahanol iawn i'r enwau oedd ar gaeau Blaenyfan yn 1846:

Cae Tu Hwnt R'heol, Cae Cwar, Cae Dan Domen, Coed Rifon, Cae.... Ar Tŷ, Cae Adlydd, Y Graig; Waun, Llaindre; Cae Sticill, Cae Eithin, Cae Canol.

Daeth Cae Cwar nôl i ffasiwn gydag Adeline a Dilwyn!

Gellygatrog
Yn 1600 disgrifiwyd tŷ Gellygatrog fel *"mansion house called Gellygadroge"*. Roedd pedair aelwyd i'r tŷ yn 1670 a bu'n gartref i'r teulu Lloyds am gyfnod. Roedd y teulu yma yn ddisgynyddion i Jenkin Lloyd o Blaiddpwll, Gogledd Sir Benfro. Thomas Lloyd ddaeth i'r Gelly a daeth ei frawd i Alltycadno, fferm ger Llangyndeyrn.
Ond tua diwedd yr ail ganrif ar bymtheg fe symudodd y Lloyds o Gellygatrog a daeth y fferm yn rhan o ystâd Browne, y Ffrwd. John Browne oedd y perchennog yn 1750 ond erbyn 1846 perchennog y fferm oedd y Parch. Thomas Gronow o Cwrt Herbert, Castell Nedd, gyda John Rees a'i deulu yn ei ffermio.
Yn 1846 enwau caeau Gellygatrog oedd:

Waun rhinga ucha, Cottage and Garden, Llain, Cottage and Garden, Part of Graig, Graig, Cae Bach, Cae Tail, Waun rhinga Issa, Cae Llwyni Mawr, Cae Llwyni Bach, Cae Cwm Mantais Ucha, Cae Cwm Mantais Issa, Cae Gin, Cae Brandi.

Pan ddaeth Edward Benbough i gymryd y fferm roedd yn talu 17/6 swllt y flwyddyn o rent.
Erbyn 1910 roedd Gellygatrog yn 163 o erwau ac yn werth £4,692, ac fe ddaeth y fferm yn rhan o ystâd teulu'r Fitzwilliams.

Yn 1933 daeth fy nhadcu William Thomas a'i deulu i Gellygatrog a dyma'r enwau rwyf innau yn cofio:

Cae Rhôd, Cae Glas Uchaf, Cae Glas Isaf, Cae Tail, Cae Sgubor, Waun, Waun Bella, Cae Llwyni Mawr, Cae Llwyni Bach, Cwmantais Fawr, Cwmantais Fach, Cae Lafrens, Cae Lline, Cae Llanarch, Cae Grôs.

Fel y gwelir mae rhai o'r enwau wedi goroesi o 1846 ond eraill wedi mynd ar goll. Y mab Rhys a'i wraig Jean wnaeth ddilyn William ond fy nghefnder Elwyn a'i wraig Cheryl sydd yn ffermio yno heddi.

Tŷ Cam

Yn 1846 Iarll Cawdor oedd perchen Tŷ Cam a gŵr o'r enw Daniel Williams yn byw yno. Enwau caeau Tŷ Cam yn 1846 oedd:

Cae Pant y Tailor, Cae rhwng y Ddau Dŷ, Cae yr Odyn, Cae Dan y Graig, Cae Glas, House & Garden, Garden, Ynnis,

Enwau'r caeau heddiw yw:

Cae Front, Cae Glas, Cae Bach, Cae Mawr, Cae Top, Cae'r Ynys.

Alan Lewis a'i wraig Julie sy'n byw yno nawr. Ganwyd Alan yn Tŷ Cam yn fab i Vernon a Phyllis Lewis. Roedd Vernon yn chwaraewr brwd, wedi chwarae pêl-droed i Meinciau Rovers gyda'i frawd-yng-nghyfraith Eric Beynon, a chriced hefyd i dîm y pentref. Dilynodd Alan ôl-traed nifer o fechgyn y Meinciau drwy hela menywod y Tymbl. Daeth nôl â Julie i Tŷ Cam a ganwyd iddynt ddau o fechgyn, Richard a Stephen. Bu'r meibion yn athrawon cyn dilyn eu tad a'u hewythr Lyn ac ymuno â heddlu Dyfed Powys.

Mae'r bedwaredd ganrif ar bymtheg wedi ei galw yn oes aur y ceffyl ac mewn rhai rhannau o Gymru disgrifiwyd fferm fel fferm un ceffyl neu fferm dau geffyl yn hytrach na sôn am ei maint o ran aceri. Os cyfeiriwyd at fferm fel fferm tri cheffyl yna roedd eisiau tri cheffyl i aredig y fferm honno. Byddai ffermydd mawr y cyfnod yn cyflogi gweision a fyddai'n cysgu yn y stabl. Wrth i ffermio ddod yn fwy mecanyddol gwelwyd llai a llai o weision yn cael eu cyflogi. Dim ond un ceffyl rwyf i'n ei gofio ar fferm Torcefen.

Wrth feddwl a chofio nôl gallaf weld bod bywyd y ffermwr wedi ei drawsnewid yn gyfangwbl. Ffermydd bychain oedd y mwyafrif llethol o ffermydd yr ardal. Cynhyrchu llaeth oedd prif nod y ffermydd hyn ond roedd tipyn o bwyslais ar werthu tatws, erfin a llysiau eraill gan fod prinder yn dilyn yr ail ryfel byd. Mae gen i frith gof o'r 'Land girls' yn plannu a medi cnydau fel tato. Daeth byddin y 'Land girls' i fodolaeth adeg y rhyfel gan ei bod yn bwysig cynhyrchu cymaint o fwyd â phosibl a pharhawyd â'r cymorth hwn am rai blynyddoedd ar ôl y rhyfel hefyd.

Mae gen i frith gof o weld y gwartheg yn cael eu godro gyda llaw ac roedd enw ar bob buwch, yn ots i'r sefyllfa heddi. Mae gan bob buwch rif erbyn hyn a hwnnw ar gyfrifiadur – llawer llai rhamantus! Roedd enwau fel Daisy, Blodwen, Peggy, Morfudd, Topsy a Sian lawer mwy cynnes na dodi rhifau oeraidd ar dag yng nghlustiau'r gwartheg. Roedd cael enwau fel Buwch Nesa at y Wal a Buwch Nesa at Nesa at y Wal hyd yn oed yn well na rhifau!

Yna, daeth y peiriant godro i fodolaeth – pibau yn mynd am dethau'r fuwch ac yn sugno'r llaeth yn syth i'r bwced. Roedd rhaid cario'r bwced i'r llaethdy ac oeri'r llaeth. Rwy'n cofio fi'n blentyn yn sleifio i mewn i'r llaethdy i yfed y llaeth cyn ei fod yn oeri'n iawn. Roeddwn yn dwlu arno ond wrth gwrs nid dyma'r peth callaf i'w wneud. Rwyf hefyd yn cofio helpu mamgu i wneud menyn yn Gellygatrog. Fy swydd i oedd troi dolen y fuddai oedd yn cynnwys y llaeth hufenog gan ddal i droi nes bod hwnnw'n troi'n fenyn. Roedd y dasg hon yn cymryd oriau ac yn codi swigod ar groen y llaw.

Yn dilyn y ffordd yma o odro daeth dull arall, gyda'r llaeth yn cael ei sugno yn syth i biben oedd yn arwain yn uniongyrchol i danc yn y llaethdy. Erbyn heddi mae godro yn hollol fecanyddol yn y ffermydd modern lle mae modd i'r gwartheg gerdded mewn i "barlwr godro".

Erbyn hyn mae tancer yn galw yn y ffermydd i gasglu'r llaeth. Mae'r hen ffordd o gludo'r llaeth mewn 'churns' a'u gosod ar y 'stand laeth' wedi hen ddiflannu. Rwy'n cofio hefyd ambell fferm yn gwerthu ei llaeth yn uniongyrchol i'w cwsmeriaid. Ond, daeth tro ar fyd; lle roedd y ffermydd bychain yn godro o gwmpas ugain o wartheg, mae'r ffermydd mawr erbyn hyn yn godro cannoedd o wartheg a'r llaeth yn cael ei gludo i ffwrdd i'w drin mewn ffatrïoedd modern enfawr.

Roedd ffermydd yn arfer gweithio yn ôl dull amaethu cylchdroadol – *rotational farming* – gan fod hyn, mae'n debyg, yn llesol i'r tir. Byddai cae gwair un flwyddyn yn newid i gae tatws y flwyddyn nesa i'w ddilyn gan efallai erfin a chêl cyn dychwelyd yn gae gwair eto. Roedd cynhyrchu'r bwydydd hyn yn waith caled ac yn waith oer a gwlyb yn aml, yn enwedig wrth eu casglu o'r cae ar ddiwrnod gaeafol. Roedd nifer o ffermwyr yn cludo eu cynnyrch yn uniongyrchol i'w cwsmeriaid. Roedd fferm Gellygatrog, er enghraifft, yn mynd â'i nwyddau yn wythnosol i'w cwsmeriaid ym mhentref Ponthenri. Ond, o dipyn i beth, bu llai o alw oherwydd roedd modd eu prynu o'r siop.

Gyda dyfodiad gwrtaith (*fertilisers*) oedd yn cynnwys maeth ar lefel na welwyd erioed o'r blaen roedd yn bosib bwydo'r tir i gynhyrchu porfa a gwair o ansawdd da iawn. Ond roedd hyn yn medru cael effaith andwyol ar afonydd ein gwlad. Enghraifft dda o hyn oedd tynged y dwrgi a oedd yn dibynnu ar y pysgod. Fel roedd y pysgod yn lleihau o ran niferoedd felly roedd bywyd y dwrgi yn cael ei effeithio. Erbyn hyn fe waharddwyd defnyddio nifer o'r gwrteithion hyn ac yn sgîl hyn daeth y pysgod nôl i'r afonydd a gwelir cynnydd sylweddol yn nifer y dwrgwn eto. Mae ffermydd y dyddiau yma yn medru pwmpio'r gwrtaith naturiol a gynhyrchir ar y fferm yn uniongyrchol o'r pwll biswail (*slurry pit*) i'r caeau.

Roedd y cynhaeaf gwair a llafur yn arfer bod yn achlysuron cymdeithasol gyda'r ffermydd yn helpu eu gilydd, ac yn aml iawn yn rhannu peiriannau. Byddai bobol y pentre yn helpu yn ogystal. Byddai cywain gwair yn rhan o adloniant y plant flynyddoedd maith yn ôl – casglu'r gwair â rhaca, neu arwain pen y ceffyl oedd yn tynnu'r gambo o das i das a hefyd helpu i dorri syched yr oedolion drwy gario diodydd o bob math, fel cwrw, 'ginger beer' a gwin wedi ei baratoi gan y gwragedd o ffrwythau'r cloddiau. Ar ddiwedd y dydd wrth gwrs byddai'r gweithwyr yn mwynhau gwledd o fwyd, ar ôl cael picnic yng nghysgod clawdd y cae yn ystod gwres tanbaid y prynhawn.

Ond mae'r ffordd yma wedi hen ddiflannu. Codi silwair yw'r arferiad nawr a chontractwyr â'u peiriannau drudfawr sy'n gwneud yr holl waith, gan weithio tan oriau mân y bore yn aml iawn. Mae'n arferol bellach i gasglu dau neu dri cnwd o silwair o'r un cae dros gyfnod yn ymestyn o fis Mai i fis Medi. Popeth yn ei dymor oedd hi flynyddoedd yn ôl gyda'r cynhaeaf gwair yn ystod misoedd Mehefin a Gorffennaf gan amlaf os oedd y tywydd yn caniatáu.

Fe welwyd tipyn o chwyldro pan ddisodlwyd yr ychen gan y ceffyl ac yntau yn ei dro yn colli ei bwysigrwydd gyda dyfodiad y tractor. O safbwynt y pwysau corfforol roedd hyn yn chwyldroadol fendithiol heb sôn am yr hyblygrwydd ddaeth wrth i'r tractor fedru cyflawni pob math o waith a'i gyflawni llawer cynt.

Mae bywyd y ffermwr wedi newid yn gyfangwbl. Bellach mae yntau, neu rywun ar ei ran, yn treulio tipyn o amser o flaen cyfrifiadur. Yn gyflym iawn mae'r ffermydd bychain yn diflannu. Mae rhan helaeth o hen fferm Torcefen bellach yn perthyn i Gellygatrog yn ogystal â llawer o dir ffermydd Felindre a Llwynyfilwr.

Bu cryn adeiladu yn ardal y Meinciau yn ddiweddar yn enwedig ar Heol y Meinciau tuag at Pontiets a hefyd ar Heol Meinciau Mawr, yn ogystal â Maes Hywel a'r Ashes. Mae hyn yn gyffredin iawn o gwmpas nifer o bentrefi ar draws Cymru gyfan ac yn golygu, yn aml iawn, bod tir amaethyddol yn mynd ar goll. Yn y 1950au fferm Meinciau Mawr, Meinciau Bach, Blaenlline a dau fwthyn y Bryn oedd yr unig gartrefi ar Heol Meinciau Mawr. Heddiw mae tua deg ar hugain o dai yno.

Ar y llaw arall, mae adeiladu tai newydd yn denu pobol newydd i'n pentrefi ac mae hyn yn medru adfywio'r gymdeithas. Dyw hyn ddim yn digwydd bob tro wrth gwrs ac mae'n bosib i fewnlifiad ddod â phroblemau yn ei sgîl yn ogystal.

Ie . . . *Gwinllan a roddwyd i'm gofal yw Cymru fy ngwlad.*

CWAR BLAEN Y FAN

Busnes a sefydlwyd flynyddoedd lawer yn ôl oedd Cwar Blaen y Fan yn diwallu anghenion y farchnad ddiwydiannol yn Ne Cymru am gyfnod hir. Ei leoliad oedd hanner milltir tu allan i bentref Meinciau ar y gefnen carreg galch, yn ymestyn o Landybie i Fynyddygarreg. Mae tirwedd yr ardal yn gymysgedd o dir gwastad a thir bryniog, ac yn amaethyddol ei natur. Roedd y Cwar yn ymestyn dros 50 o erwau ac i'w weld o bell. Erbyn heddi mae craig Cwar y Fan wedi ei bwyta gan beiriannau modern, gwancus gan newid y tirwedd yn sylweddol.

Cyn ei farwolaeth yn 1852, Thomas Williams oedd perchen rhyddddeliad (*freehold*) fferm Llwynyfilwr ac roedd rhan o'r cwar yn perthyn i'r fferm yn ogystal. Teulu y Fitzwilliams oedd berchen gweddill y cwar. Bu bobl yn gweithio yno ers degawdau ond oddiar bumdegau'r ganrif ddiwethaf gwelwyd y datblygiadau mawr. Am genedlaethau bu ffermwyr yn cludo calch o Gwar Blaen y Fan ac roedd yn ffynnon o ddaioni i'r ardal am amser maith, er iddo hefyd ddod â thristwch a cholled andwyol i ambell deulu. Yn ystod y bedwaredd ganrif ar bymtheg roedd 14 o odynau calch yn bodoli yn y cwar ac yn diwallu anghenion ffermwyr y fro. Mae Joan Lewis (gynt Roberts o Meinciau Bach) yn sôn am ei hen hen dadcu yn cywain calch o'r cwar i'r ffermydd yn ogystal â cherrig ar gyfer ffyrdd yr ardal.

Roedd y dull o gynhyrchu calch yn syml iawn. Ar waelod yr odyn fe fyddai haenen o goed, yna uwchben y coed fe fyddai haenen o lo ac yn gorwedd ar y glo fyddai'r cerrig calch. Byddai'r un drefn yn cael ei hail-adrodd nes y byddai'r odyn yn llawn. Yna byddai'r coed ar y gwaelod yn cael eu tanio – y cerrig yn llosgi ac ar ddiwedd y broses roedd y calch yn barod i'w gasglu.

Roedd y cwar yn amlwg yn nhirwedd yr ardal tan yn ddiweddar. Am flynyddoedd dim ond ar gyfnodau roedd gwaith yn y cwar ond o'r 1950au ymlaen bu cynnydd sylweddol yn y gofyn am gerrig a chalch ac yn raddol, gyda dyfodiad peiriannau modern, effeithlon cloddiwyd y graig yn ddwys tua diwedd y ganrif ddiwethaf. Ar raddfa nas gwelwyd erioed cynt, cloddiwyd nes creu twll anferth sydd bellach yn llawn dŵr. Sefydlwyd yno safle diwydiannol datblygedig â pheiriannau chwalu, peiriannau'n paratoi cerrig mân ar gyfer yr heolydd, peiriannau i greu calch at ddefnydd amaethyddol, adeiladau storio, gweithdai a swyddfa. Roedd galw mawr am gerrig a tharmacadam ar gyfer heolydd fel yr M4, yr harbwr yn Port Talbot, y burfa olew yn Sir Benfro yn ogystal â gwersylloedd y fyddin yn Manorbur a Penally. Bu galw hefyd am gerrig yn y gwersylloedd cudd yn Aberporth a Trecwn. Pan ddaeth y datblygiadau o gwmpas arfodir ardal Llanelli roedd y gwaith yn y Meinciau yn ei anterth ac yn cloddio o gwmpas dau gan mil tunnell bob blwyddyn.

Bu Huw Williams, Blaenpant, yn fforman yno am 20 o flynyddoedd. Dywedodd Huw bod o gwmpas 26 yn gweithio yno yn rheolaidd o tua 1960 ymlaen. Cynhyrchodd y cwar lawer o waith i gwmnïau cludiant lleol fel y tystia'r cofnodion sy'n dangos faint o dunnelli a gloddiwyd yn flynyddol. Erbyn 2004 daeth y cloddio i ben mwy neu lai er bod dros filiwn o dunnelli ar ôl o hyd, yn ôl y sôn.

Yn ogystal â chynnig bywoliaeth fe wnaeth y cwar, yn ei dro, ddwyn bywyd hefyd. Collodd fy hen datcu David Bowen ei fywyd yn 1897 wrth ddefnyddio powdwr gwn er mwyn saethu haenau o'r graig yn rhydd. Wyth mlynedd yn ddiweddarach yn 1905 lladdwyd ei frawd-yng-nghyfraith William Jones, Gwndwn Mawr. Cyfansoddodd ei weinidog, y Parch. M. T. Rees, y gerdd hon er cof am William Jones.

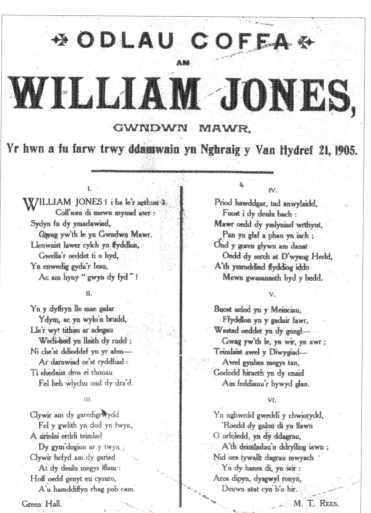

Cerdd Coffa i William Jones gan ei weinidog M. T. Rees.

Yn 1974 collodd Ashley Jones, Pedair Heol, ei fywyd yn y cwar yn 52 mlwydd oed ac yna yn 1980 lladdwyd Dewi Rees ac yntau ond yn 36.

Bu nifer o ddamweiniau eraill yn ogystal. Collodd Harri Gravell, Mansant Fach, ei olygon wrth saethu yno.

Mae'r cwar bellach yn dawel, mae'r bwrlwm beunyddiol a sŵn parhaus y peiriannau pwerus wedi tewi. Erbyn hyn mae natur yn cymryd drosodd a gwelwn lyn yn llanw crombil y cwar.

Cwar Blaen y Fan o'r awyr.

Chwaraeon

HANES Y CLWB CHWARAEON
AC HAMDDEN

Ffurfiwyd pwyllgor yn 1969 ac yn 1970 prynwyd tri cae oedd, yn gyfan-gwbl, tua chwech erw a hanner o dir. Derbyniodd Danny a Glenys Phillips lythyr ym mis Mawrth 1971 oddi wrth Barrie Beynon, ysgrifennydd Clwb Chwaraeon ac Hamdden Meinciau, yn gwerthfawrogi eu caredigrwydd o gynnig y tri cae am fil o bunnoedd – cyfraniad gwerthfawr i'r pentref. Ymhen y flwyddyn creuwyd cornel chwarae i'r plant.

Mewn cyfarfod Clwb Chwaraeon ac Hamdden â gynhaliwyd Mawrth 10fed, 1980, yn nhafarn y Black etholwyd y canlynol:

Llywydd	–	P. R. F. Cotteril-Seadon
Cadeirydd	–	H. McNally
Is-lywydd	–	K. J. Sellick
Ysgrifennydd	–	Jeff Morris
Trysorydd	–	Mike Evans

Yn y cyfarfod yma dewiswyd pwyllgor rheoli, is-bwyllgor criced, bad-minton ac adloniant. Aethpwyd ati hefyd i sefydlu pwyllgor tennis. Hyn yn dangos tipyn o weledigaeth gan yr arweinwyr – y clwb fel ymbarél i nifer o weithgareddau ac yn creu sefyllfa lle roedd yn bosib i'r trigolion i gydweithio yn hwylus yn hytrach na chael sefydliadau gwahanol yn gweithio ar draws eu gilydd fel y ceir yn aml iawn. Bu cryn drafod ynglŷn â chael adeilad newydd yn y parc ac hefyd trawsnewid y tri cae i fod yn gae chwaraeon. Erbyn 1972 roedd y cae criced yn barod.

Ar y 3ydd o Fawrth 1981 mewn cyfarfod blynyddol a gynhaliwyd yn y Festri ffurfiwyd pwyllgor pêl-droed gyda'r Parch. Eirian Wyn yn ysgrifen-nydd. Gwnaeth hyn arwain i sefydlu timau dan 11 a 16 oed.

Ar y 7fed o Fedi 1981 roddwyd caniatâd i Dai Clark brynu pyst pêl rwyd – pris £40. Hyn i gyd yn dangos yr adnoddau ardderchog oedd ar gael i'r gymdogaeth yn barod. Ond y prif nod oedd cael adeilad chwaraeon ac roedd hyn yn dipyn o sialens i bentref bach.

Codwyd arian drwy gynnal pob math o weithgareddau er enghraifft – syniadau yn cynnwys: Ocsiwnau, gan gynnwys ocsiwn i werthu pêl wedi ei llofnodi gan chwaraewyr clwb Lerpwl ac hefyd Abertawe; pêl wedi ei llofnodi yn ogystal gan dîm Rygbi Cymru, ac un eitem arall ddiddorol ar y rhestr oedd bat criced Morgannwg. Cynhaliwyd ffeiriau, cyngherddau, a chlwb 100.

Clwb badminton Meinciau oedd y clwb badminton cyntaf o Gymru i fynd ar daith i'r cyfandir. Yn 1973 fe wnaeth y clwb chwarae pedair gêm yn y Swistir gan ennill dwy a cholli dwy. Cafwyd amser bendigedig yno nôl yr hanes ac yn ystod un noson tra yn gwledda fe benderfynodd Bethan Beresford y byddai yn syniad da i gael ychydig o gerddoriaeth a dyma hi'n dewis record gan Diana Ross. Ond roedd yr iaith wedi cymysgu Bethan ryw ychydig ac nid Diana Ross glywyd ond yn hytrach cân gan Demis Roussos. Doedd yr un ohonynt wedi clywed sôn amdano ond ychydig ddyddiau yn ddiweddarach fe wnaethon nhw gyfarfod â'r cantwr wnaeth o fewn dim amser ddod yn fyd enwog.

Yn dilyn y daith i'r Swistir bu taith i Malta pan chwaraewyd pedair gêm – ennill un a cholli tair. Roedd badminton yn boblogaidd iawn ac yn cynnig mwynhad i nifer. Roedd y chwaraewyr yn cynnwys Dai Clark, Doiran Williams, Bethan Beresford, Hywel Lewis, Robert Thomas, Mary Wagner, Delyth Bowen, Angela Evans, Tony Peters, John Bowen, Dudley Hardy, Delme Thomas, Mike Rogers, Richard Lewis, Dr George Paul, Jeff Owen a Graham Thomas.

Roedd y tîm yn chwarae yn neuadd Pontiets. Yn 1985 enillodd y tîm campwriaeth adran 1 a 2 Parau Cymysg Sir Gaerfyrddin. Enillodd y dynion Adran 3 Cynghrair Abertawe ac yn ogystal enillwyd Adran 3 i'r parau cymysg Cynghrair Abertawe. Trueni mawr i'r clwb badminton ddod i ben yn weddol fuan ar ôl iddynt symud i'w cartref newydd yn Neuadd Chwareaon Meinciau.

Roedd cyfraniad Lyn a Jeff Morris, Mike Evans, Derek Rowlands, Meirion Jones, Malcolm Evans, Ann Williams, Maurice Williams, Dai Clark, Huw Nichols, Mark Sadler, Mike Bowen, Islwyn Samuel, Kerri Williams, Barrie Beynon, Meurig Williams, Eifion Bennett, Maelog Morris, Ken a Margaret Sellick, Beryl Evans, Eirian Wyn, Monica Nichols, Pamela Lewis, Doiran Williams, Nancy Jones ac Ann Richards yn allweddol yn

Neuadd Hamdden a Chwaraeon.

yr ymgyrch i gael Neuadd Chwaraeon i'r pentre. Bu cefnogaeth Nance Williams y Black yn holl bwysig yn ystod yr adeg yma a chynhaliwyd y cyfarfodydd gan amlaf yn nhafarn y Black.

Mewn cyfarfod ar y pedwerydd o Fehefin 1984 dangoswyd mai £30,000 byddai cost yr adeilad yn uniongyrchol i'r clwb a thrwy gefnogaeth gwahanol gynlluniau llywodraethol daethpwyd o hyd i'r arian angenrheidiol.

Dechreuwyd ar adeiladu y Neuadd yn 1985 ac fe'i agorwyd yn swydd- ogol nos Sadwrn, Hydref 3ydd 1987. Comisiynwyd plât arbennig gan Harvey Thomas, brodor o Bontiets, i nodi yr achlysur.

TÎM PÊL-DROED MEINCIAU ROVERS

Dwy ddim wedi dod dros y siom fawr o beidio chwarae pêl-droed dros fy mhentre. Fe fues i'n chwarae rygbi dros dîm Ieuenctid Pontiets – chwarae i Ysgol Ramadeg Caerfyrddin yn y bore ac yna Pontiets yn y prynhawn, fel nifer o'r bechgyn, gan gynnwys Josh Edmunds, Roger Griffiths, Randal Isaac, Michael Ayres Williams, Owen Todge Jenkins, David George Lewis, Heddwyn Jones a'r annwyl ddiweddar Keith Morris. Daeth hyn i ben pan gawsom ein gwahardd gan yr ysgol rhag chwarae i dimau tu allan i'r ysgol yn ystod y tymor. Chwarae ychydig nes ymlaen i Gefneithin yng Nghynghrair y Gorllewin cyn ymuno â Phorthcawl ar ôl i Dianne a finne briodi. Er i mi fwynhau y dyddie hynny ac er mai rygbi yw fy mhrif gêm does dim yn lleddfu'r siomedigaeth o fethu chwarae pêl-droed i Meinciau Rovers AFC. Fel ym mhob pentre a dinas bu plant a phobol ifanc y Meinciau yn chwarae pêl. Hen bledren mochyn gan amla yn y dyddiau cynnar hynny oedd y bêl. O dipyn i beth ffurfiwyd tîm ac aethpwyd ati i chwarae yn erbyn timau eraill. Roedd tîm ym Mhontiets cyn yr Ail Rhyfel Byd ac yn chwarae ar gae Mansant tu ôl i'r eglwys a newid yn y Square and Compass. Yn ddiweddarach roedd Pontiets yn chwarae ar gae y Ffoi ochor draw y lein ym Mhentre Draw.

Yn 1946-47 chwaraeodd Meinciau ei gêm gyntaf erioed yn erbyn San Clêr. Newid yn nhafarn y Santa Clara ond doedd hi ddim yn gêm heb ei digwyddiadau. Torrodd un o fechgyn San Clêr ei goes a chasglwyd £21 iddo gan y chwaraewyr – swm sylweddol iawn y dyddie hynny.

Dywed y *Carmarthen Journal*:

> *On Saturday last (Jan 18th 1947) Meinke were the visitors to St Clears and a really good game was abandoned before the end when St Clears were leading by the odd goal owing to an accident to Donald Williams, the promising St Clears goalkeeper, who was unfortunate enough to receive a fractured leg below the knee. After attention by Dr D. M. Hughes he was taken to Carmarthen Infirmary.*

Prynwyd sied o'r Prisoner of War Camp yn Aberbanc a defnyddiwyd hi fel ystafell newid am gyfnod. Chwaraewyd gêmau cyfeillgar yn erbyn timau fel Pendein, Llanmilo, Swyddfa Post Caerfyrddin, Penrhiwllan, Cynwil a Ponthenri. Roedd y bechgyn yn teithio mewn tacsis ac yn talu dros eu hunen wrth gwrs. Dim ond deuddeg o fechgyn oedd ar gael ar y dechrau – felly roedd yn bwysig bod neb yn cael ei anafu yn ddifrifol. Roedd y tîm yn gwisgo crysie gwyrdd gyda llewys melyn, trwser gwyrdd a sane gwyrdd a melyn.

Mae'r *Journal* yn sôn am gêm yn erbyn Llansteffan â chwaraewyd dydd Sadwrn, Mawrth 12fed 1949:

> *Llanstephan United visited Minke on Saturday and won by 5 goals to 1. The state of the ground did not encourage good football but some excellent movements were carried out by both teams.*

Hyn yn dangos mai nid Wembley oedd "cae fwtball" y Minke! Roedd tipyn o rhediad yn y cae o un gôl i'r llall ac yn ogystal roedd rhediad pellach o'r ddau ystlys mewn i gyfeiriad canol y cae. Ar ben hyn i gyd roedd y cae yn agored i'r gwynt a'r glaw heb sôn am y niwl a fyddai yn talu ymweliad o dro i dro. Roedd y cae yn perthyn i fferm Meinciau Mawr a thalwyd £8 y flwyddyn am yr anrhydedd o gael chwarae arno. Cyn pob gêm byddai'r bechgyn yn gwneud yn siwr bod rhoddion y gwartheg i'r cae yn ystod yr wythnos yn cael ei glirio!

Mae'n debyg mae gemau cyfeillgar a chwaraewyd yn y cyfnod yma fel nodwyd uchod ond prin iawn yw'r manylion.

Yna cam mawr ymlaen oedd ymuno a Chyngrair Caerfyrddin a'r Cylch yn nhymor 1949/50. Ffurfiwyd pwyllgor pan ymunwyd â'r gynghrair. Maurice Williams oedd y Cadeirydd cyntaf er ei fod yn byw yn Llundain gyda Lyn Morris yn ysgrifennydd. Dai Lewis, Llwynglas, oedd y "trainer" a'r trysorydd.

O fewn dim amser daeth llwyddiant ysgubol i'r tîm gan gynnwys cystadleuaeth Cwpan Mond; cwpan sydd yn dal i fodoli hyd heddi. Enwyd y cwpan ar ôl Alfred Mond, diwydiannwr a chyn Aelod Seneddol Gorllewin Sir Gaerfyrddin.

Roedd y tîm ar y dechrau yn cynnwys bechgyn fel Ivor Jones, Kerry Williams, Reggie Morris, Denzil a Harold Bevan, Bernard Beresford, Gordon Miles, Vernon Lewis, Dai Pencwm, Danny Davies, Noel Williams, Mel Morgan, Mel Baldwin, Raymond King (Stanley Mathews y Minke), er bod Reggie Morris yn agos iawn ato gan fod hwnnw hefyd yn ddriblwr arbennig. Dau arall o'r cyfnod hwnnw oedd Vince a Cliff Edmunds. Roedd gan Vernon Lewis (neu Vernon Tŷ Cam) goes chwith aruthrol. Gyda'r gwynt tu cefn iddo ac o gyfeiriad y môr roeddwn yn argyhoeddedig y gallai Vernon gicio'r bêl bob cam o'r Meinciau i bentref Banc-ffosfelen. Cymeriad fydd wastad yn gysylltiedig â'r tîm yw Brian (Cwlff) Lewis. Bu Brian yn "ball boy" am flynyddoedd pan oedd yn grwt ac fe ddatblygodd i fod yn un o gymeriadau'r ardal.

Y timau yn y Gynghrair yn ôl y *Carmarthen Journal* oedd:

Pendine Military Detachment, Llanmiloe, Llanstephan, St Clears Mydrim, Pendine, Trinity College, Carmarthen GPO, Mynydd-ycerrig, RASC (TA) Carmarthen, Meinciau, Evans Motors Carmarthen, Ponthenry Reserves.

Mae cofnod o'r gêm yn erbyn Evans Motors, dydd Sadwrn, 24ain o Fedi 1949, yn nodi bod Meinciau wedi colli o 7 gôl i 3 ond yn cywiro hyn yr wythnos ganlynol ac yn nodi mai Meinciau enillodd o 7 gôl i 3! Tybed ai'r gêm yma oedd gêm gynta Meinciau yn y gynghrair?

Y Sadwrn canlynol cafwyd gêm gyfartal yn erbyn RASC – dwy gôl yr un. Dyma rai o'r canlyniadau yn ystod y tymor:

Meinciau 5, Pendine 1
Meinciau 2, Llansteffan 2
Meinciau 2, Llanmiloe 1
Meinciau 5, Range Camp 3
Meinciau 2, Ponthenri 0 (Cwpan y Gynghrair)
Meinciau 2, Coleg y Drindod 3
Meinciau 3, Ponthenri 3

Tymor llwyddiannus iawn oedd tymor 1950-1951. Meinciau oedd pen-campwyr y Gynghrair, yn ogystal ag ennill cwpan y Gynghrair – Cwpan Darch pan gurwyd Porthyrhyd 4-3 ym Mharc Caerfyrddin. Collodd Meinciau yn erbyn ail dîm Caerfyrddin yn y rownd gyntaf yng nghystadleuaeth Cwpan Mond o 4-2 mewn gêm a ddisgrifiwyd gan y *Journal* yn ". . . *hurly burly cup tie*".

Mewn gêm arall yn ystod y tymor hwnnw yn Llansteffan, pan drechwyd y tîm cartref dyma'r sylwadau yn y *Journal*:

. . . *the attitude of the visiting supporters also is to be deplored* . . .

Hyn yn dilyn disgrifiad o'r gêm fel gêm arw iawn.

Ond chwaraewr a ddaeth yn amlwg iawn yn ystod y tymor yma oedd Bernard Beresford.

Dyma rai o ganlyniadau'r tymor:

Meinciau 1, Aberteifi 3
Meinciau 8, YMCA Caerfyrddin 0
Meinciau 3, Llansteffan 1
  (*Match played in good spirits*) medd y *Journal*
Meinciau 6, YMCA Caerfyrddin 0
Meinciau 3, Porthyrhyd 1

Meinciau 1, Coleg y Drindod 0
Meinciau 10, St Clears 0
Meinciau, 5 Range Camp 0

Agorwyd tymor 1951-52 gyda Meinciau yn chwalu Pontiets 5-1. Gêm gyfartal 2-2 yn dilyn yn erbyn Coleg y Drindod cyn colli i ffwrdd yn erbyn Porthyrhyd 3-1. Roedd y gêmau yn erbyn Porthyrhyd yn ffyrnig ond oddiar y cae roedd pawb yn gyfeillgar a'r bechgyn yn llygadu'r merched lleol. Un ohonynt oedd Kerry Williams gafodd afael ar Joyce, un o ferched hynaws a phrydferth ardal Porthyrhyd. Priododd y ddau a ganwyd iddynt ferch fach, Gillian.

Meinciau oedd yn arwain y gynghrair ar ddechrau 1952 ac yn dilyn roedd Abertefi (Cardigan Town) a Phorthyrhyd. Trechwyd Llanmilo 6-1 mewn gêm gynderfynol am Gwpan y Gynghrair ar gae Porthyrhyd a'r canlyniad hwn yn eu galluogi i chwarae Coleg y Drindod yn y gêm derfynol ar Barc Caerfyrddin. Curodd Meinciau'r Coleg ddwy waith yn y gynghrair ac ennill 3-0 yn y gêm gartref, gyda Eric Beynon yn sgorio dwy a Reg Morris un. Yn ôl y *Journal* roedd hi'n gêm dda gyda'r ddau dîm yn mwynhau'r achlysur.

Aeth Meinciau ymlaen i guro Coleg y Drindod am y trydydd tro pan chwaraeodd y ddau yn y gêm derfynol am Gwpan y Gynghrair ym Mharc Caerfyrddin. 2-1 oedd y sgôr gyda Ivor Jones (Ivor y Black) yn taro'r bêl i'r rhwyd ddwy waith i ennill y cwpan i'w dîm. Cafodd Ivor gêm i'w chofio ac enillodd Meinciau y cwpan am yr ail waith yn olynol. Merch Ivor, Pat, yw prifathrawes presennol Ysgol Ponthenri.

Cyrhaeddodd Meinciau y gêm derfynol yng nghystadleuaeth Cwpan Mond hefyd ond colli wnaethant 3-1 yn erbyn Ponthenri ar Barc Caerfyrddin. Mae'r adroddiad yn y *Journal* yn sôn am gêm o ddau ddull gwahanol o chwarae – Meinciau yn defnyddio'r gic a chwrs ond Ponthenri yn chwarae y pêl-droed gorau. Kerry Williams sgoriodd i Meinciau a Viv Edmunds i'r tîm buddugol oedd yn llawn haeddu'r fuddugoliaeth. Ymunodd Vince â Meinciau y tymor canlynol.

Dechreuodd tymor 1952-53 gyda buddugoliaeth o 10-0 mewn gêm gyfeillgar yn erbyn YMCA Caerfyrddin a'r canlyniad hwn yn awgrymu tymor llwyddiannus arall i'r tîm. Erbyn diwedd mis Hydref roedd Meinciau ar y brig gyda Phorthyrhyd yn ail a Phonthenri yn drydydd. Aberteifi, Coleg y Drindod, Llanmilo, Range Camp, Lowndes a YMCA Caerfyrddin oedd gweddill y timau yn y gynghrair. Cyfuniad oedd YMCA Caerfyrddin erbyn hyn o dîm Caerfyrddin a thîm y YMCA. Roedd Meinciau ar y brig o hyd ym mis Ionawr, wedi chwarae naw, ennill saith, gyda dwy yn gyfartal. Yr hyn sy'n tanlinellu llwyddiant y tîm oedd y ffaith eu bod wedi sgorio 49 gôl a dim ond wedi gadael 9 i'w rhwyd! Roedden nhw wedi curo Ponthenri yng ngêm gyn-derfynol cwpan y gynghrair ym Mhorthyrhyd a mynd ymlaen i ennill y cwpan am y trydydd tro yn olynol wrth guro Abertefi 4-0 yn y parc yng Nghaerfyrddin. Ivor Jones, Vince Edmunds a D. Bevan sgoriodd i'r crysiau gwyrdd a melyn. Roedden nhw'n llawer gwell tîm ac yn llawn haeddu'r cwpan. Felly ennill y cwpan ac ennill y gynghrair am y trydydd tro yn olynol – tipyn o gamp.

Roedd Bernard Beresford yn gawr o chwaraewr – John Charles y Minke – ac fe sgoriodd nifer o goliau yn ystod y tymor gan gynnwys un fythgofiadwy pan beniodd y bêl o gic gornel i guro Coleg y Drindod 4 gôl i 2.

Yn ystod tymor 1953-54 gwelwyd ychydig o ddirywiad. Roedd Castell Newydd Emlyn yn y gynghrair erbyn hyn a bu'n frwydyr ddiddorol ar y brig rhwng y newydd ddyfodiaid a Phorthyrhyd. Tua chanol y tabl oedd hanes Meinciau er iddynt gyrraedd y gêm gyn-derfynol am gwpan y gynghrair unwaith eto. Ond y tro yma, yn dilyn gêm gyfartal 1-1 yn erbyn Porthyrhyd fe gollwyd 4-2 yn y gêm ail chwarae.

Serch hynny, yn dilyn buddugoliaeth o 5-2 yn erbyn Y Tymbl fe gyrhaeddodd y tîm gêm derfynol cwpan Gorllewin Sir Gaerfyrddin, sef Cwpan Mond, ar ôl curo Caerfyrddin 3-2 yn y gêm gyn-derfynol ym Mhorthyrhyd, gyda Eric Beynon a Bernard Beresford (2) yn sgorio. Yna, ennill y cwpan yn y gêm derfynol gan guro Porthyrhyd, gyda'r ddau fachgen o Garwe, Cis a Vernon Morgans yn disgleirio.

Ymunodd Meinciau â'r ail adran yng Nghynghrair Sir Gaerfyrddin yn nhymor 1955-56. Chwarae yn yr un adran oedd Llanelly Steel, Pwll, Pum Heol, Ail Dîm Caerfyrddin (roedd y tîm cyntaf yn perthyn erbyn hyn i Gynghrair Cymru), Corinthians, Llanelli A, Porthyrhyd, BPA, Seaside, Y Tymbl, Porthyrhyd, a Ponthenri. Roedd y ddau olaf yn chwarae am yr ail dymor yn y gynghrair yma wedi symud, fel Meinciau, o gynghrair Caerfyrddin a'r Cylch.

Dechreuodd y tymor yn hwylus iawn gyda Meinciau yn ennill tair o'r pedair gêm gynta ac yn sgorio deuddeg gôl yn y gêm yn erbyn BPA. Gorffen yn drydydd yn y gynghrair oedd ei hanes ar ddiwedd y tymor, gyda buddugoliaethau nodedig yn cynnwys curo Pwll 4-2, Corinthians

4-0, Ail Dîm Caerfyrddin 4-0, Pum Heol 6-5, Porthyrhyd 3-1, Ponthenri 3-1, Llanelli A 10-0, Tymbl 4-3. Ar ddiwedd y tymor roedd Meinciau wedi chwarae 21 o gêmau yn y gynghrair, ennill 13, colli 7, gyda un gêm yn gyfartal. Hyn yn ddigon i gael dyrchafiad i'r adran gyntaf.

Yng nghystadleuaeth y darian cafwyd gêm gyfartal 2-2 yn erbyn Trostre (tîm cryf iawn o'r adran gynta) ond colli yn yr ail chwarae o 4-0. Collwyd hefyd i Mercury, o'r adran gyntaf, 5-2 yn Nghwpan Darch. Wedi curo Llanelli A 8-3 a Llanelli Steel 4-3 yn y Cwpan Senior colli oedd hanes Meinciau yn erbyn tîm arall o'r adran gyntaf, sef Hospital Rangers, yn y drydedd rownd o 4 i 3 yn dilyn amser ychwanegol.

Yn sicr, roedd y safon dipyn yn uwch yn y gynghrair yma gyda thimau eithriadol o gryf, yn enwedig yn yr adran gyntaf a nawr roedd Meinciau yn ymuno â'r cewri hynny.

Ond roedd un gêm ar ôl cyn diwedd y tymor – gêm derfynol Cwpan Mond yn erbyn Porthyrhyd.

Dyma ddisgifiad y *Journal* o'r gêm:

Meinciau 2, Porthyrhyd 0

Meinciau won the Mond Cup at Richmond Park on Thursday evening by defeating Porthyrhyd by two goals to nil. The strength of the winning side was in their inside trio Alan Lewis, T. Peck and Beresford. With more speed in defence and more craft in attack Meinciau deserved their win.

Felly, fe welwyd y crysiau gwyrdd a melyn yn yr adran gynta yn nhymor 1956-57 a chafwyd buddugoliaeth o 6 i 2 i ffwrdd yn erbyn Bwlch. Dyma ddisgrifiad y *Llanelli Star* o'r gêm:

Shock result in Division One was the defeat of mighty Bwlch by newly promoted Meinciau. There was no fluke about the new boys' win either. They ran their more experienced opponents off their feet and deserved every one of their six goals.

Cafwyd dechreuad boddhaol iawn ac roedd y newydd ddyfodiaid yn ail yn y tabl erbyn dechrau mis Hydref, wedi curo Llanelli Steel 6-5 i ffwrdd; Dafen 4-3 gartref a gêm gyfartal 2-2 draw yn Trostre. Serch hyn, collwyd yn rownd gynta y Darian o 5-3 yn Seaside.

Yn dilyn y dechreuad calonogol hwn collwyd pedair gêm o'r bron – Dafen 4-3, RAF 5-3, Mercury 3-1 a Trimsaran 4-3 a llithrwyd i'r pedwar olaf erbyn canol mis Ionawr. Yn sicr roedd yr adran yma yn galed! Ond fe ddaeth haul ar fryn unwaith eto. Er iddynt golli o 5-3 yn erbyn Trimsaran enillwyd saith gêm o'r bron i orffen y tymor yn y tri uchaf. Yn ogystal â hyn fe gyrhaeddodd Meinciau gêm derfynol y Senior Cup. Y gwrthwynebwyr oedd Mercury ond colli wnaethant o 3-1. Ar y daith i Stebonheath curwyd Trostre o 5-4 yn y gêm ail gyfle yn dilyn sgôr o 3-1 yn y gêm wreiddiol ar y Minke. Rhoddwyd y gorau i'r gêm honno ar ôl 35 munud oherwydd y tywydd. Chwaraewyd Caerfyrddin yn y gêm gyn-derfynol – cyfartal y tro cynta 3-3 ond ennill 2-1 yn y gêm ail gyfle.

Cyrhaeddodd Meinciau gêm derfynol Cwpan Mond unwaith yn rhagor y tymor yma – chwarae Castell Newydd Emlyn ar gae y Waun Dew. Ond roedd cael gafael ar y cwpan y tro hwn yn erbyn tîm oedd yn cynnwys bechgyn a ddaeth yn fawrion y genedl yn dipyn o frwydr. Roedd y tri brawd Parc Nest, John Gwilym, Aled a Jim yn bêl-droedwyr deche yn ogystal â bod yn feirdd ac erbyn hyn dau ohonynt wedi cael y fraint o fod yn archdderwyddon. Un arall wrth gwrs oedd y dyn ei hun, sef y brenin o werinwr, y diweddar Archdderwydd Dic Jones.

Bu rhaid cael tair gêm cyn i'r cwpan fynd i Gastell Newydd. Dwy gôl yr un oedd canlyniad y gêm gynta gyda 2,000 yn gwylio. Dwy gôl yr un eto yn yr ail chwarae ond enillodd Castell Newydd Emlyn 4-3 y trydydd tro. Mae adroddiad llawn y *Journal* o'r gêmau yn yr adran Saesneg.

Felly, tymor digon boddhaol ar y cyfan – llawer gwell o'i gymharu â'r tymor oedd i ddilyn, sef tymor 1957-58.

Roedd hwn yn dymor trychinebus. Yn sgîl colli defnydd y cae bu rhaid symud i Garwe. Cafodd hyn dipyn o effaith ar y bechgyn. Dim ond ennill un gêm allan o ddeuddeg erbyn diwedd mis Rhagfyr wnaethon nhw – gwaelod ond un yn yr adran ac yn edrych lawr ar Trimsaran yn unig. Erbyn diwedd y tymor enillwyd tair gêm arall ac yn sgîl hyn disgyn i'r ail adran oedd eu hanes yng nghwmni Trimsaran. Derbyniwyd crasfa mewn nifer o'r gêmau gan ildio deg gôl ar ddau achlysur i Llanelli Steel.

Ond, ar y llaw arall, fe ddechreuodd tymor 1958-59 yn ardderchog – ennill y deuddeg gêm gynta gan gynnwys buddugoliaeth yn erbyn tîm newydd Bancffosfelen o 7-1. Erbyn diwedd mis Rhagfyr roedd Meinciau yn arwain yr adran – wedi ennill pob gêm – sgorio 53 o goliau gyda 17 yn erbyn. Ond daeth tro ar fyd. Roedd y ffaith bod y gêmau cartref yn cael eu chwarae ym mhentref Carwe yn golygu, yn seicolegol, fod y gêmau i gyd oddi cartre ac fe gollwyd yr ysbryd a oedd mor amlwg yn y gorffennol. Collwyd ambell i chwaraewr dylanwadol, ac erbyn canol mis Mawrth dim ond pedair gêm arall chwaraeodd Meinciau – ennill un, colli dwy ac un gêm gyfartal. Rwy'n meddwl mai gêm gyfartal oedd y gêm olaf i Meinciau Rovers chwarae. 1-1 oedd y sgôr a'r gwrthwynebwyr oedd Park United. Daeth y daith i ben a dyma'r *Star* yn cyhoeddi:

Meinciau who won their first twelve matches and at one time looked near certainties for promotion have withdrawn from the Carmarthenshire League.

Gyda'r cyhoeddiad pitw hwn daeth hanes byr ond eto cyffrous clwb pêl-droed Meinciau Rovers i ben. Roedd y clwb pêl-droed yn chwarae rôl bwysig ym mywyd y pentre ond fe erydwyd hyn gyda'r symudiad i Garwe. Roedd rhamant yn perthyn i gae Minke Mowr ac roedd yr hen gae yn dyst i nifer o ddigwyddiadau eithaf doniol.

Mae 'na stori am un gêm a chwaraewyd yn y gwynt, y glaw a'r niwl. Roedd yn amhosib gweld unrhyw beth ac yn sydyn reit aeth popeth yn weddol dawel a dyma Mel Baldwin, ceidwad y gôl, yn gorchymyn i Verdun Lewis (y *ball boy*): "Cer i weld beth sy'n digwydd." Aeth yntau yn ufudd i ddatrys y dirgelwch. Doedd neb ar y cae – roedd y dyfarnwr wedi penderfynu mai digon oedd digon ac wedi hen orffen y gêm ymhell cyn amser llawn!

Y pencadlys oedd Tafarn y Black. Thomos John Williams, ei wraig Nance a'i merch Marie oedd yn cadw'r Black y dyddie hynny. Roedd Thomos John yn aelod o'r pwyllgor ac yn gefnogwr brwd o'r tîm pêl-droed. Roedd yn barod iawn ei gyngor i unrhyw ddyfarnwr a fentrai gosbi Meinciau ac mewn un gêm cafodd y dyfarnwr Bob Jenkins o Gaerfyrddin ddigon o awgrymiadau a chyngor Thomas John hyd nes iddo ei ddanfon o'r cae – "*in disgrace*". Gwae unrhyw ddyfarnwr fyddai'n rhoi cam i Minke. Torrwyd crys Bob Jenkins mewn un digwyddiad. Fe roddod hwnnw adroddiad i bwyllgor y Gynghrair ac fe gosbwyd Minke yn hallt – saith swllt a chwech ceiniog.

Mae stori am Bob Jenkins yn cerdded ym Mhensarn ar gyrion Caerfryrddin ac yn ffawdheglu. Pwy ddaeth heibio yn ei lori ond Ivor Jones un o fechgyn tanllyd llinell flaen Meinciau a ddioddefodd dipyn yn sgîl penderfyniadau Bob. Wythnos ynghynt cafodd Ivor ei ddanfon o'r cae gan y dyfarnwr. Dyma Ivor yn stopio a gofyn i'r ffawd heglwr ble oedd am fynd. Lan i Heol Priordy oedd yr ateb ond cafodd yr hen Bob Jenkins well trip na hynny. Aeth Ivor ag ef bob cam i Peniel.

"Nawrte," medde Ivor, "cerdda nôl o fan hyn y diawl!"

Newid yn y Black oedd yr arferiad ac ymolchi mewn sincen; y dyfarnwyr yn ogystal â chwaraewyr y ddau dîm. Roedd un eithriad yn ôl yr hanes. Ni chafodd Bob Jenkins, pan ddanfonodd Thomos John, Y Black, oddiar y cae, y pleser o gael hamddena yn y sincen. Bu rhaid iddo fynd adre. Doedd dim croeso iddo yn y Black! Ymhen peth amser fe ddaeth y ddau yn ffrindie mawr! Dwy ddim yn gwybod beth oedd natur y berthynas rhwng Bob Jenkins ac Ivor Jones.

Doedd ymarfer ddim yng ngeirfa'r tîm – mwy nag unrhyw dîm arall yr adeg honno. Roedd y bechgyn yn ffit yn naturiol; pawb yn cerdded i bobman y dyddie hynny. Roedd ymarfer yn cynnwys codi'r bys bach yn y Black nos Wener cyn y gêm a'r bechgyn yn cael llond bola o gwrw ac yna siarad tactics.

"Beth yw hi fod fory nawrte bois?"

"Up and under wrth gwrs!"

A dyna ddiwedd ar y drafodaeth.

Gan amlaf byddai mwyafrif o'r bechgyn yn gweithio bore Sadwrn yna cwrdda yn y Black, peint o gwrw cyn newid yn yr hen slaughterhouse a draw i'r cae. Byddai Kerry Williams yn cael peint o laeth gyda'i fam yn ogystal.

Roedd cefnogaeth arbennig gan y clwb; byddai dau fws er engraifft yn cludo'r cefnogwyr i Borthyrhyd. Rwy'n cofio gêmau "derby" cyffrous tu hwnt yn erbyn Porthyrhyd a Ponthenri. Bu gêmau terfynol cofiadwy dros ben yn erbyn Castell Newydd Emlyn yng Nghwpan Mond gyda dros dwy fil yn gwylio'r gêm yn 1957 fel y soniwyd eisoes. Rwy hefyd yn cofio Parc Caerfyrddin yn orlawn pan chwaraeodd Meinciau yn erbyn Coleg y Drindod mewn gêm derfynol ac un o sêr Meinciau, Alan Bowen, yn chwarae dros y Drindod gan ei fod yn fyfyriwr yno.

Chwaraewr oedd yn rhoddi cant y cant ym mhob gêm oedd Cliff Bach Davies. Aeth nifer o'r bechgyn ymlaen i chwarae ar lefel yn uwch – bechgyn fel Trevor Peck a chwaraeodd dros Gaerdydd, Bernard Beresford ac Alun Pancho Lewis a chwaraeodd i Lanelli. Roedd Alun yn dipyn o wybiwr a bu'n cystadlu dros Sir Gaerfyrddin yng nghampwriaeth ysgolion Cymru yng Nglyn Ebwy. Chwaraeodd brawd Alun, Verdun, i Lanelli yn ogystal a bu'n gapten yno am flynyddoedd. Roedd y ddau yn feibion i Dai Lewis, Llwynglas. Mae'n debyg i Verdun chwarae un neu ddwy gêm i dîm Meinciau pan oedd yn grwtyn 14 oed. Yn anffodus, o gwmpas 1957 fe gollwyd y cae a bu rhaid symud i chwarae yn Carwe. Tristwch mawr i bawb oedd y digwyddiad hwnnw.

Chwaraewr arall wnaeth enw ar ôl gadael Meinciau oedd Peter Jenkins. Roedd Peter yn chwarae rygbi dros ei ysgol yn y bore ac yna pêl-droed i Meinciau yn y prynhawn. Canolbwyntio ar rygbi wnaeth yn y diwedd ac aeth ymlaen i chwarae rygbi dros Llanelli, Aberafan, Penybont a Maesteg. Roedd Peter yn gricedwr o fri hefyd a bu'n gapten am flynyddoedd ar dîm criced Llanelli. Eraill wnaeth gyfraniad sylweddol oedd Huw Evans, Arthur Phillips, Hubert Jones, Elfed Evans, Malcolm Howells a Tommy Thomas. Fe wnaeth Iori Rees o Bonthenri hefyd chwarae am gyfnod.

Mewn gêm yn White Hart Lane rhwng ail dîm Tottenham Hotspur a Chaerdydd roedd dau o fechgyn Meinciau yn chwarae yn erbyn ei gilydd. Verdun Lewis oedd ar brawf gyda Spurs, a Trevor Peck yn chwarae i Gaerdydd. Un o gewri'r clwb oedd Eric Beynon. Roedd Eric yn chwaraewr caled ac fel plentyn roeddwn bob tro yn falch i weld bod Eric yn chwarae – byddai'n siwr o achosi anhrefn yn amddiffyn y gwrthwynebwyr. Bu ar bwyllgor y clwb yn ogystal – rhoddodd gyfraniad pwysig ar ac oddiar y cae.

Roedd Mel Baldwin yn gôl-geidwad arbennig ac fe'i dilynwyd gan un arall oedd llawn cystal, sef Meirion "Boi" Jones, mab Joseph Jones neu, fel byddai pawb yn ei alw, Joe Black gan mai un o fechgyn y Black oedd Joe. Bu Joe yn dipyn o focsiwr yn ei ddydd – yn ymrafael â bois y ffeiriau. Byddai'n galw ei hun yn Joe Blake – tipyn mwy posh na Joe Black. Gôl geidwad arbennig o dda hefyd oedd Islwyn Phillips.

Does dim dwywaith mai Meinciau Rovers i mi oedd y tîm gorau ac fel plentyn doeddwn i ddim yn deall paham nad oedd fy arwyr yn chwarae yn erbyn Manchester United, Arsenal a thimau tebyg! Yn anffodus roedd y dyfodol yn fregus unwaith penderfynodd Gideon Morris fferm Meinciau Mawr fod angen y cae arno. Defnyddiwyd adnoddau Parc Carwe am ychydig ond methiant fu'r trefniant yma ac fe ddiflannodd Meinciau Rovers allan o fodolaeth. Yn sgîl dirywiad Meinciau Rovers fe flodeuodd dau dîm newydd, sef Bancffosfelen a Charwe – y ddau dîm yn elwa wrth i fechgyn y Meinciau ymuno â nhw.

Bu timau ieuenctid yn ystod yr 80au dan arweiniad y Parch. Eirian Wyn ac o gwmpas 1995 fe ddechreuwyd tîm arall ar y Meinciau pan ymunwyd â chynghrair Sir Caerfyrddin. Mark Gower, bachgen yn enedigol o bentre Mynyddygarreg, ac Huw Evans o Groesyceiliog oedd y sbardun tu ôl i'r ymgais yma. Yn anffodus, dwy ddim yn meddwl i'r tîm yma gofleidio'r pentre i'r graddau y gwnaeth y tîm gwreiddiol. Roedd nifer o fechgyn ifanc y tîm yn dod o Benygroes a Chross Hands ac yn symud ymlaen i glybiau eraill. Roedd, efallai, angen mwy o gefnogaeth ar Mark a'i gyfeillion gan fod bodolaeth tîm pêl-droed yn dda i'r Clwb Chwaraeon ac i'r pentref yn ogystal ond byr iawn fu oes y tîm. Trueni mawr oedd hyn gan fod yr adnoddau yn y pentre nawr i ddarparu ar gyfer pêl-droed – cae fflat, er ychydig yn wlyb ar adegau; byddai modd gwella ar hyn rwy'n siwr.

Tybed a fydd tîm pêl-droed yn y pentre eto? Mae rygbi bellach wedi gwreiddio yn ddwfn ym Mhontiets ac er bod Carwe a Phonthenri gerllaw gwelwn erbyn hyn fod Meinciau a Phontiets bron yn ymdoddi i mewn i'w gilydd yn sgîl yr holl adeiladu. Felly, mae cyfle i gynnig a darparu ar gyfer pêl-droed yn ogystal ag ail greu y gorffennol disglair.

TÎM CRICED Y MEINCIAU (MCC)

Mae tîm criced yr MCC yn enwog dros y byd ond yn ardal y Gwendraeth mae MCC yn golygu naill ai 'Clwb Criced Meinciau' neu 'Clwb Criced Mynyddygarreg'!

Yn ôl yr hanes a welir yn y cofnodion, â groniclwyd gan Michael R. Evans, bu cyfarfod ar 27ain o Ebrill 1935 pan etholwyd Garwyn Morris yn gapten a Bill Lewis yn is-gapten. Nhw eu dau ynghyd â Gwyn Thomas yr ysgrifennydd yn ogystal â'r trysorydd fyddai'n dewis y tîm. Disgwylid i'r di-waith a bechgyn dan 16 oed dalu 3 ceiniog bob pythefnos. Gwelir y llinell hon yn y cofnodion hefyd:

"That no fixtures be made if they have not got tools."

Mae hyn yn dangos mwy na thebyg fod disgwyl i'r bechgyn wisgo'r dillad priodol a bod yr offer angenrheidiol ar gael, fel bat, pêl a wicedi!

Yn y cyfarfod â gynhaliwyd ar y 7fed o Fai 1935 gwelir y frawddeg hon:

"That the captain, secretary, Joe Morris, Gwyn Thomas, Gwyn Williams, Wynford Evans, David Lewis and W. D. Williams be at the field at 6.30pm on Wednesday to make a new pitch."

Er bod sôn am fodolaeth tîm criced ddwy flynedd ynghynt yn 1933, mae'n ymddangos mai ym 1935 y cafwyd strwythur pendant. Bu cartref y tîm yn amrywio dipyn – dau gae gwahanol ar Heol Mansant, cae gerllaw yr Halfway a chae o dan fynwent Moreia. Yn rhedeg drwy ganol y cae hwnnw roedd ffos – tipyn yn wahanol i Lords, cartref un o'r ddau MCC arall – nid Mynyddygarreg! Yna o 1972 chwaraewyd y gêmau yn y cae presennol ger y Neuadd Chwaraeon.

Mewn cyfarfod ar 21ain o Fai 1935 fe benderfynwyd y byddai'r pwyllgor cyfan yn dewis y tîm – hyn yn wahanol i'r penderfyniad a wnaethpwyd ym mis Ebrill. Mwy o bŵer i fwy o bobol, felly. Yna mewn cyfarfod ar Orffennaf 1af 1935 collodd y gofalwr ei swydd – "*. . . being unable to give satisfactory service . . .*" a chafodd bum swllt am ei drafferthion. Cynigiwyd y swydd i Dai Morris am dal o £1-10- 0 a hefyd 10 swllt am fod yn "storeman" hyd ddiwedd y tymor.

Roedd y pwyllgor yn ymddangos yn dra oleuedig oherwydd yn y cofnodion ar gyfer cyfarfod blynyddol a gynhaliwyd ar yr 17eg o Ragfyr 1935 fe benderfynwyd estyn gwahoddiad i Dai Davies o Glwb Criced Morgannwg i draddodi darlith yn ysgol Gwynfryn.

Gwelir hefyd fod y clwb yn cynnal raffl a'r wobr gyntaf oedd tocyn stand yn ogystal â phris tocyn trên i'r Grand National! Tipyn o wobr.

Roedd yn amlwg eu bod yn cymryd y gêm o ddifri gan fod yr ymarfer yn dechrau yn gynnar ym mis Ebrill a gwelir hefyd y cystadlu brwd rhwng y timau lleol "*. . . no member of the Pontyates Cricket Club of 1935 be allowed to join*" – 29ain o Ebrill 1936. Gellir edrych ar hyn o ddau gyfeiriad hollol wahanol – yr awydd i beidio â niweidio a gwanhau Clwb Criced Pontiets neu yn hytrach y ffaith nad oedd croeso i unrhyw un oedd wedi chwarae i'r gelyn! Mae rhyw deimlad gyda fi mai yr olaf oedd yn wir.

Erbyn tymor 1936 roedd cystadleuaeth am gwpan yn bodoli. Trefnwyd gêmau yn erbyn Talacharn, Crwbin, Bancffosfelen, Hendygwyn, Penbre,

Cwmgwili, Ponthenri, Tymbl, Swyddfa'r Post Caerfyrddin, Carwe. Roedd rhestr gêmau 1938 yn dangos yn ogystal gêmau yn erbyn Ammanford UAB, San Clêr, Cynheidre, Cefneithin a thîm criced Carmarthen Electric Supply.

Gyda dechreuad y Rhyfel Byd ym mis Medi 1939 daeth diwedd ar y criced. Ond gwelir mantolen lawn am 1947/48 (yn cynnwys arian mewn llaw o dymor 1946/47), yn dangos elw o £45-3-3. Derbyniwyd yn ystod 1947/48 arian aelodaeth, casgliadau ar y cae, mabolgampau a chyngerdd.

MANTOLEN 1947/48

Receipts	£	s	d	Expenditure	£	s	d
Membership	4	17	6	Cricket Kit	16	3	9
Collection on field	5	17	3	Football Kit	12	0	9
Sports August 16th	35	9	9	Fares paid by club	5	14	0
Concert Jan 3rd 1948	19	0	0	Present Maurice Williams	2	4	10
Total	£65	4	6	Badges	2	4	0
				Affiliation Fee	1	3	0
				Insurance		10	0
Carry forward from				Stephen Jones	8	0	0
1946/47	30	6	0½	Washing of cloth		3	6
				Postage and Phone	1	3	1½
Cash in hand	95	10	6½	Sec Expenses		9	6
May 1st 1948				Total	50	7	3½
Cash in hand	95	10	6½				
Expenditure	50	7	3½				
Total	45	3	3				

Gwelir o'r fantolen hon i'r clwb criced brynu cit ar gyfer Meinciau Rovers AFC yn ogystal.

Ffurfiwyd Cynghrair Criced Llanelli a'r Cylch yn 1949 ac ymunodd Meinciau â'r gynghrair o'r cychwyn ond rhaid neidio i'r 60 degau cyn y ceir rhagor o fanylion. Doedd dim tîm yn ystod y 50'au – hyn o bosib oherwydd llwyddiant pêl-droed yn y pentref.

O 1964 ymlaen roedd gêmau cyfeillgar yn erbyn timau fel Pendine, Cefneithin, Carwe, Porth Tywyn, Pum Heol, Pontiets, Ponthenri, Bancffosfelen, Talacharn, Abergwil, Cydweli, Drefach ac ambell i dîm gwaith a thafarn. Chwaraewyr amlwg iawn y cyfnod hwnnw oedd Ieuan Morris, Vernon Lewis, Malcolm Evans, Michael Jones, Meirion Jones, Verdun Lewis, Dai Clark a fu'n weithgar am flynyddoedd lawer, Jeff Morris, Barrie Beynon, Kerri Williams, Harry McNally, John Lewis, David Edmunds, Allan Williams, Derek Rowlands, Doiran Williams Ronald Morgan a Brian Rees. Bu Peter Jenkins ac Alun Pancho Lewis yn chwarae ambell gêm i'r tîm yn ogystal. Aeth y ddau yma, ynghyd â Verdun Lewis, ymlaen i chwarae i dimau fel Pontyberem, a Llanelli. Chwaraeodd Peter hefyd dros Ysgolion Cymru a bu yn gapten ar glwb criced Llanelli am un ar bymtheg o flynyddoedd. Roedd Peter yn gapten ardderchog ac yn arwain y tîm drwy esiampl wrth ddefnyddio'r bat, y bêl a hefyd wrth faesu yn agos i'r wiced. Rhoddodd wasanaeth arbennig i Glwb Criced Llanelli a chafodd hyn ei gydnabod pan wnaethpwyd ef yn Aelod Oes yn y clwb. Dilynodd Alfan a Steffan eu tad am iddynt hwythau hefyd chwarae i Lanelli. Cafodd Steffan ac Alfan eu capiau pan chwaraeodd y ddau yn eu tro i dimau dan 15 a 19 Ysgolion Cymru. Roedd Alfan yn aelod o dîm criced Ynysygerwen a fu'n chwarae yng ngêm derfynol Cwpan y Pentrefi yn Lords. Chwaraeodd Steffan dros dîm llawn Cymru yn erbyn Iwerddon, Lloegr a'r Alban a bu ar daith yn Awstralia gyda thîm Cynghrair De Cymru. Enillodd y tri gwpan y gynghrair honno – Peter gyda Llanelli, Alfan gydag Ynysygerwen a Steffan gyda Rhydaman. Bu Steffan hefyd yn aelod o garfan rygbi Ysgolion Cymru dan 15 a 19. Rhaid nodi hefyd i dri o gyn chwaraewyr Clwb Criced Meinciau fod yn gapteiniaid ar dri clwb o Gynghrair De Cymru yn ystod yr un flwyddyn – Peter Jenkins gyda Llanelli, Allan Lewis, Pontyberem, a Trevor Peck yn y Tymbl.

Rygbi oedd prif gêm Vivian, brawd Peter, a chwaraeodd am nifer o dymhorau dros glybiau Pontyberem a Chydweli. Erbyn hyn chwarae golff yw pleser mawr Vivian ac mae'n aelod brwdfrydig o Glwb Golff Glyn Abbey. Er nad yw Ann, eu chwaer, wedi amlygu ei hun ar y caeau rygbi a chriced, fel athrawes ac yna prifathrawes mae wedi cyflwyno a rhoi'r cyfle i blant diri i flasu dawnsio gwerin yn ogystal â chwaraeon sydd mor bwysig y dyddiau yma.

Ond o deulu talentog Brondeg nôl â ni at dîm criced y Meinciau. Roedd ambell i gêm braidd yn un ochrog. Mehefin 21ain 1965 mewn gêm yn erbyn y Square and Compass cyfanswm Meinciau oedd 105 am 5 wiced. Sgoriodd Michael Jones 77 ac yna llwyddodd Meinciau i fowlio allan y gwrthwynebwyr am 8 rhediad, gyda Vernon Lewis yn cymryd 7 o'r wicedi hynny am 5 rhediad. Gyda chanlyniad felna ble oedd dewiswyr Lloegr!

Yn 1972 roedd gan Glwb Criced Meinciau gae o safon, diolch i gyfraniad allweddol Cyngor Chwaraeon Cymru ac roedd hyn wedi ei alluogi i ymuno â Chynghrair Sir Gaerfyrddin. Felly, roedd angen carfan sylweddol i ymgymryd â chwarae yn y Gynghrair yn ogystal â'r gêmau cyfeillgar. Erbyn y cyfnod hwn roedd bechgyn fel Leighton Morgan, Will Morgan, Mark Sadler, Maelog Morris, Alan Rees, Keith Jones Clive Thomas a Joe Wyatt wedi sefydlu eu hunain yn y garfan.

Gorffenodd ambell i gêm yn weddol gynnar, fel y gêm gyfeillgar gartref yn erbyn Porthyrhyd ar Awst 8fed 1974 pan sgoriodd yr ymwelwyr 14 o rediadau a Meinciau ond yn colli un wiced cyn ennill y gêm o fewn saith pelawd. Fe gyrhaeddodd y tîm gêm derfynol Cwpan Sir Gaerfyrddin yn 1974 ond colli oedd yr hanes.

Wrth dwrio drwy'r llyfrau sgorio gwelais gofnod o gêm rhwng Meinciau a Cavaliers Porthcawl ar Orffennaf 18fed 1975. Fi oedd capten y Cavaliers – Porthcawl oedd fy nghartref yr adeg honno ond colli oedd diwedd y daith i fechgyn Porthcawl. Roedd gan y Meinciau gyfanswm o 107 a'r Cavaliers ond wedi sgorio 77 am 7 wiced o fewn yr ugain pelawd.

Yn 1977 fe sgoriodd Will Morgan gyfanswm o 477 o rediadau mewn 25 o fatiadau. Doedd Wil heb fod allan ar ddau achlysur – hyn yn gyfartaledd o bron 21 rhediad. Alan Rees a Joe Wyatt oedd y nesaf at Will. Casglodd Joe Wyatt 56 o wicedi yn ystod y tymor hwnnw ac Allan Rees 48. Ond Malcolm Evans oedd â'r cyfartaledd gorau dros y tymor.

Bu'r tîm criced o dan ymbarel y Meinciau Sports and Recreation o 1980 ymlaen. Roedd hyn rwy'n meddwl yn syniad da iawn ac yn esiampl o sut i drefnu gwahanol fudiadau mewn pentref.

Roedd yr is-bwyllgor criced yn cynnwys: S. Rees, M. Sadler, L. Morris, G. Samuel, R. Evans.

Chwaraeodd Meinciau yng ngêm derfynol Cwpan Sir Gaerfyrddin eto yn 1981 a threfnwyd gêm yn erbyn Tîm Criced Morgannwg ar Fehefin 21ain 1983 i ddathlu hanner canmlwyddiant y clwb. Ond cyn y gêm honno, mewn cyfarfod ar 11eg o Ebrill penderfynwyd archebu cit gwerth £250 ac adeiladu sied yn cynnwys bwrdd sgorio a pheiriant torri gwair. Roedd rhaid edrych yn dda beth bynnag! Yn y cyfarfod hwnnw hefyd gostyngwyd y tâl aelodaeth i'r di-waith o £3.00 i £1.00

Dyma fanylion y gêm hanesyddol honno, gêm 12 dyn bob ochr:

MORGANNWG

	Sut Allan	Bowliwr	Cyfanswm
Charles Rowe	(D) Phil Gower	Steve Evans	92
Arthur Francis	(D) Alan Rees	Ken Hopkins	123
Alan Lewis Jones	(D) Phil Gower	Steve Evans	10
Mike Selvey	(B)	Ken Hopkins	32
Phil Holding	Heb fod allan		37
Barry Lloyd	Heb fod allan		16
John Hopkins			
Rodney Ontong			
Eifion Jones			
Malcolm Nash			
Alan Wilkins			
Lloyd		Extras	7
		Cyfanswm	317

Bowlwyr: Andrew Jones 0 am 55; Lyn Lewis 0 am 70;
Alan Rees 0 am 59; Steve Evans 2 am 69; Ken Hopkins 2 am 57

MEINCIAU

Ken Hopkins	(B)	Charles Rowe	6
Peter Jones	Rhedeg allan		9
Ralph Evans	(B)	Alan Wilkins	7
Alan Rees	(St) Eifion Jones	John Hopkins	76
Andrew Jones	(B)	Charles Rowe	20
Garry Samuel	(St) Eifion Jones	Arthur Francis	7
Michael Evans	Heb fod allan		11
Maelog Morris	(B)	John Hopkins	0
Phillip Gower	(D) Charles Rowe	John Hopkins	7
Geraint Rosser	(D) Malcolm Nash	Arthur Francis	6
Lyn Lewis	(D a B)	Arthur Francis	0
Steve Evans	(D) Barry Lloyd	Mike Selvey	15

	Extras	4
	Cyfanswm	168

Bowlwyr: Wilkins 1 am 14; Nash 0 am 28; Rowe 2 am 28; Lloyd 0 am 11;
A. L. Jones 0 am 34; Francis 3 am 22; Hopkins 3 am 27 Selvey 1 am 1

Felly, perffomiad canmoladwy gan Meinciau mewn gêm fydd y bechgyn lleol byth yn ei hanghofio.

Er yn aelod o Gynghrair Sir Gaerfyrddin roedd Meinciau yn chwarae ambell gêm yn erbyn rhai o dimau cryf ac enwog Sir Benfro, fel Carew a Neyland a thimau Ceredigion, fel Ffostrasol a Llanilar.

Bu gêm hynod o ddiddorol i ffwrdd yn erbyn Mond Nickel ar Orffennaf 31ain 1983 pan sgoriodd y tîm cartref 273 am 5 wiced ac yna Meinciau yn sgorio 241 wrth ymateb i'r her, gyda Peter R. Jones yn sgorio 61 a Phil Gower 75.

Cyrhaeddodd hanes y tîm bapurau Llundain un tro pan chwaraeodd Meinciau yn erbyn Rosemarket yng nghystadleuaeth Whitbreads yn 1983. Daeth y glaw i amharu ar y gêm, felly penderfynwyd pwy oedd yn ennill drwy gynnal gêm darts a pool yn y dafarn, gyda Meinciau yn llwyddo i ennill. Yn yr adran Saesneg fe welir adroddiad y *Sunday People*.

Yn achlysurol byddai gwartheg y caeau cyfagos yn ffansio gêm ar faes y gad fel y gwelir yng nghofnodion Tachwedd 12fed, 1984. Penodwyd Derek Rowlands i lanw'r twll yn y clawdd ond doedd dim sôn am unrhyw fuwch yn gwneud argraff ar y dewiswyr!

Ar adegau doedd y wybodaeth yn y llyfrau sgorio ddim o hyd yn llawer o gymorth. Fel roedd y gêm yn mynd yn ei blaen rwy'n meddwl bod y cwrw yn dechrau llifo a'r sgoriwr, falle, yn dechrau diodde!

Cafwyd gêm fer iawn pan gurodd Meinciau Pum Heol ar Fai 24ain 1984. 10 oedd cyfanswm yr ymwelwyr o fewn 11 pelawd gyda 6 hwyaden ac A. Jones yn cipio 7 wiced am 3 rhediad. O fewn 3 pelawd llwyddodd Meinciau i ennill y gêm. Cafwyd digon o amser yn y bar y noson honno.

Tynnwyd allan o'r gynghrair yn 1985 oherwydd cyflwr y wiced ond fe ail ymunwyd yn 1986. Penderfyniad pwysig oedd sefydlu tîm dan 13eg oed mewn cyfarfod ar 12fed o Ionawr 1987. Roedd hyn yn sicrhau y byddai ffynhonnell o fechgyn yn gweu eu ffordd drwyddo i'r tîm cyntaf. Erbyn y flwyddyn honno £10 oedd pris aelodaeth gyda 50c bob gêm. Roedd y di-waith yn talu £5.00 a phlant dan 13 yn talu £2.00. Gydag adnoddau ardderchog roedd galw mawr yn y blynyddoedd dilynol am y cae. Gwelwyd Llangyndeyrn yn gwneud cais yn ôl cofnodion Rhagfyr 4ydd 1990 am ddefnyddio'r cae ar gyfer ei gêmau cartref gan iddynt erbyn hynny fod yn aelod o Gynghrair Sir Gaerfyrddin. Cytunwyd i'r cais ond roedd rhaid i Langyndeyrn dalu £20 y mis yn ogystal â helpu i gadw'r wiced mewn cyflwr da.

Enillodd Meinciau y Stepney Bowl ar Fai 22ain 1993. O 1994 ymlaen chwaraeodd Mynyddygarreg hefyd ei gêmau cartref ar y parc. Erbyn hynny roedd y ddau dîm yn chwarae yng nghystadleuaeth y pentrefi a chafwyd yn flynyddol gêmau "local derby" da iawn.

Yn y flwyddyn 2001 Craig Howells oedd y batiwr gorau gyda chyfartaledd o 36 o rediadau yn ystod y tymor gydag Aled Williams â 22 a Paul Rees â 15 o rediadau yn ei ddilyn. Craig Rees, Paul Rees, Rene Smith, ac Andrew Harding oedd y bowlwyr mwyaf ffrwythlon gyda 14, 13, 9 ac 8 o wicedi yn y drefn honno.

Bu cystadleuaeth frwdfrydig iawn yng Nghynghrair y Pentrefi ond yn anffodus, oherwydd cyflwr y cae bu rhaid i Meinciau dynnu allan o'r gystadleuaeth yn 2008. Cyn hynny cafwyd tipyn o lwyddiant, gyda'r clwb yn ennill y plat ac yna ar y 7fed o Awst 2005 yn ennill y cwpan yn erbyn Llanwrda. Meinciau oedd yn batio gyntaf ac yn sgorio 224 heb golli wiced. Sgoriodd Craig Howells 156 a Joe Wyatt 48. Ateb Llanwrda oedd colli pob wiced am 161. Cafwyd bowlio cywrain iawn gan y bowlwyr gydag Aled Williams yn cipio 2 wiced. Craig Howells 2, Mark Hewitt 2 a Nathan Lewis 1, gyda thri o fatwyr Llanwrda yn cael eu rhedeg allan.

Blwyddyn yn ddiweddarach enillodd Meinciau y cwpan unwaith eto drwy guro Mynyddygarreg (enillwyr y plat yn 2005) yn y gêm derfynol.

Gêm criced gyda ystâd 'Yr Ashes' yn y cefndir.

109

Craig Howells 28 a Mark Hewitt 15 oedd y prif sgorwyr mewn cyfanswm o 80. Sgôr Mynyddygarreg oedd 71 gydag Andrew Harding yn cael 3 wiced, Kieren Evans ac Aled Williams 2 yr un. Bu'r rhain yn ddrain pigog ym matiad bechgyn y Mynydd.

Y capten dros y ddeng mlynedd olaf oedd Paul Rees, enghraifft o fachgen gafodd ei feithrin drwy chwarae gyda'r timau ieuenctid oedd yn bodoli flynyddoedd cynt. Gobeithio wir y bydd tîm yn cynrychioli'r pentre eto cyn hir. Mae sawl cenhedlaeth yn yr ardal wedi elwa o gael y cyfle i chwarae ac mae hanes diddorol i Glwb Criced y Meinciau, hanes sydd yn haeddu dyfodol yn ogystal.

ROBERT MORGAN

Er mai crwt o Bancffosfelen oedd Robert Morgan mae Meinciau yn ei hawlio fe yn ogystal gan mai un o ferched Meinciau Mawr oedd ei fam, sef Margaret, plentyn ieuengaf Harriet a Henry Morris. Roedd Margaret yn briod â Wyn Morgan a ganwyd David Robert Ruskin Morgan ar y 29ain o Awst 1941. Yn anffodus collodd Margaret ei bywyd ychydig wythnosau ar ôl genedigaeth Sian, chwaer Robert.

Addysgwyd Robert yn Ysgol Bancffosfelen ac yna Ysgol y Gwendraeth. Yno dechreuodd wneud argraff fel chwaraewr rygbi addawol iawn. Yr athro Ymarfer Corff yn yr ysgol oedd Ray Williams, asgellwr Llanelli a Chymru, ac fe wnaeth Ray argymell i'r clwb y byddai'n werth iddynt edrych ar y crwt disglair oedd ganddo yn yr ysgol. Ar sail hyn cafodd Robert ei gêm gyntaf i Lanelli tra roedd yn dal i fod yn yr ysgol. Y gwrthwynebwyr oedd Caerdydd ac roedd Robert yn "marco" yr enwog a'r profiadol Gordon Wells wnaeth chwarae saith gwaith dros ei wlad. Cafodd Robert gêm ardderchog ac yn peri i'w wrthwynebydd gael noson i'w anghofio. O fewn dim amser Robert Morgan oedd asgellwr de Llanelli. Yn chwarae tu fewn iddo fel canolwr roedd Ken Jones hefyd o Ysgol y Gwendraeth. Yn wahanol i Robert chwaraeodd Ken Jones nifer o weithiau dros dîm disglair Ysgolion Cymru ac roedd y wasg ar y pryd yn darogan ei fod yn barod i chwarae dros ei wlad tra roedd yn yr ysgol. Ni chafodd Robert yr un sylw gan y wasg ac efallai i hyn fod o fantais iddo.

Bu yn lwyddiant ysgubol o fewn dim amser ar y Strade a pan dderbynai y bêl roedd y gallu ganddo i gynhyrfu'r dorf. Daeth i sylw dewiswyr

Cymru a chafodd Robert ei gap cyntaf yn erbyn Lloegr yn Twickenham Ionawr 20fed 1962. Gêm gyfartal 0-0 oedd y canlyniad a dyma'r bechgyn wnaeth wisgo'r crys coch y diwrnod hwnnw:

Kel Coslett; Robert Morgan; Dewi Bebb; Ken Jones; Malcolm Price; Alan Rees; Lloyd Williams (Capten); Len Cunningham; Bryn Meredith; Kingsley Jones; Brian Price; Roddie Evans; Robin Davies; Haydn Morgan; Alun Pask.

Robert Morgan.

Tra roedd ar y Strade aeth Robert ymlaen i chwarae naw gwaith dros ei wlad. Yna symudodd i Gaerdydd ond buodd yn anffodus gyda niweidiau a bu rhaid iddo yn y diwedd rhoi'r ffidil yn y to.

Er iddo gael ei hyfforddi fel athro yng ngholeg Hyfforddi Caerdydd, a dysgu am ychydig amser, gweithio gyda chwmni olew wnaeth Robert rhan helaeth o'i yrfa. Priododd â Jen a ganwyd iddynt un mab, sef Rhydian. Bu'n byw ym Mro Gŵyr hyd ei farwolaeth ddisymwth yn dilyn gêm o golff ar 19eg o Fedi 1999 ac yntau ond yn 58 mlwydd oed.

111

Teulu'r Black

Mae hanes y Meinciau ynghlwm, mewn llawer ystyr â hanes tafarn Y Black Horse. Ym mis Gorffennaf 2011 roedd y Black wedi bod yn yr un teulu am gant chwech deg o flynyddoedd – tipyn o record! Ganwyd fy mam, mamgu a'm hen famgu yn y tafarn.

Mae'r Black wedi chwarae rôl ganolog ym mywyd y pentref. Heblaw am y ffaith ei fod yn dafarn bu hefyd yn ladd – dŷ ac yn bencadlys i dîm pêl-droed y pentref. Roedd cwsmeriaid yn galw yno o bobman a'r bobol hynny yn aml iawn yn gwsmeriaid rheolaidd. Am yn ail brynhawn Sadwrn byddai cefnogwyr y Sgarlets yn galw heibio ar eu ffordd adre o Barc y Strade i wahanol ardaloedd yn Sir Gâr, Penfro a Cheredigion. Byddai'r gêmau hyn yn rheolaidd ar brynhawn Sadwrn, yn wahanol i'r sefyllfa

Tafarn y Black.

112

heddi, pan mae'r cwmnïau teledu yn penderfynu pryd bydd y gêmau yn cael eu chwarae. Rwy'n meddwl yn bendant, fod dylanwad y teledu yn ddinistriol i'r gêm yng Nghymru. Mae'n ymddangos i mi nad oes parch o gwbl i'r cefnogwyr a thrwy hynny maent yn cadw draw o fynychu'r gêmau yn eu miloedd.

Nance, chwaer fy mamgu, oedd wrth y llyw yn Y Black y dyddiau hynny a byddai yn paratoi gwledd o frechdanau yn barod i'w cwsmeriaid sychedig. Roedd Nance yn gymeriad lliwgar. Roedd yn adnabod pawb ac yn fwy pwysig na hynny roedd pawb yn ei hadnabod hithau. Doedd byth trafferth yn y tafarn ac felly doedd e ddim yn broblem i'r heddlu. Roedd ambell noson hwyr iawn yn ymestyn i oriau mân y bore nawr ac yn y man. Duw a ŵyr os oedd yr heddlu yn gwybod ond roeddent hwythau hyd yn oed yn trefnu ambell noson allan yn Y Black. Bu Côr Meibion Cymru Llundain yn dathlu yno yn dilyn llwyddiant yn Eisteddfod Genedlaethol 1974 yng Nghaerfyrddin. Aeth yn noson hwyr iawn ac fe alwodd plismon ffyslyd heibio. Aeth y sgwrs rywbeth yn debyg i hyn:

"Beth sy'n mynd mlan fan hyn heno 'te? Dych chi ddim yn sylweddoli bod hi wedi stop tap?" gofynnodd y plismon.

"O! jiw," medde Nance, "anghofies i ga'l extension tan 12.30a.m., chi'n gwbod."

"12.30!" atebodd y plismon. " Mae'n 2.30 fenyw!"

"O, mae'n rhaid i chi esgusodi nhw. Mae'r London Welsh wedi ennill y Grand National heddi!"

Roedd Y Black un amser yn rhan o Ystâd y Stepney. Ceir cyfeiriad at y tafarn yn Llyfr Arolwg Ystâd y Stepney 1724-1840 ac yn Llyfr Rhent Y Stepney 1909 ceir y manylion canlynol:

Rent per year – £16. Public House on main road from Llanelli to Carmarthen. Licensed 4 rooms downstairs 4 rooms upstairs. Stable with 5 stalls. Building very old and in bad repair. Roof leaks and will require renewal. 3 casks (185 gallons) per week. ['Na beth yw yfed!] *The land is used for accommodation purpose and is in excellent state of cultivation. The tenant is a butcher thus a slaughterhouse is attached to the public house. £16 a year appears an exceptional low rent for these premises and fields.*

Mae Cyfrifiad 1851 yn dangos mai trigolion Y Black oedd Sarah Williams, gwraig 60 oed, ei meibion John, 28 oed, David, 18 oed, a'i hwyres Keziah, 4 oed. Mae hefyd yn nodi bod David Williams, 28 oed, a'i wraig Elizabeth, 30 oed, a'u plentyn John, 5 oed, yn byw yn Y Black yn ogystal â'r forwyn Hannah Davies, 30 oed. Bu Sarah farw yn 1854.

Ar Orffennaf 19eg 1851, yn Eglwys Llangyndeyrn, priododd Mary Benbough, Gellygatrog, â John Williams, mab Y Black. Ganwyd Mary yn 1832 ac mae'n debyg bod cryn wrthwynebiad i'r briodas – merch i deulu parchus yn priodi mab tafarn. Roedd sefyllfa fel hon yn gyffredin iawn yn hanes cefn gwlad Cymru fel wrth gwrs yn y ddrama *Y Ferch o Gefn Ydfa*, lle gwelwn Ann yn gorfod priodi cyfreithiwr yn hytrach na'i gwir gariad Wil Hopkin.

Beth bynnag, priodi wnaeth Mary a John ac aeth Mary i fyw yn Y Black. Ganwyd iddynt dri o blant, Edward, Richard a David. Yn anffodus, bu farw John ond fe ail briododd Mary gyda John Morris, Mansant Fach.

Merch Edward ac Elizabeth Benbough fy hen, hen, hen dadcu a'm hen, hen, hen famgu oedd Mary. Ganwyd Edward yn Eardisley ger Henffordd yn fab i Henry ac Elizabeth Bengough. Ond am ryw reswm newidiodd Edward y Bengough (sy'n tarddu o Ben Goch) i Benbough. Priododd Edward ac Elizabeth Hughes, oedd ddeunaw mlynedd yn iau nag ef, yn Eglwys Llanafan yn Sir Aberteifi ar 19eg o Fai 1818. Ganwyd iddynt saith o blant. Swyddog tollau ac ecseis oedd Edward a bu'r teulu yn byw yn Aberporth, Llandysilio a Solfach cyn i Edward ymddeol o'r gwaith hwnnw ac ymgartrefu yn ardal y Meinciau.

Ymfudodd un o'r plant, sef Isaac, yn 1888 gyda'i deulu i California lle dechreuodd fusnes angladdau. Fe ddaeth un o'i blant yntau, James Percival Benbough, yn wleidydd pwysig iawn yn y dalaith a chafodd yrfa ddisglair fel Gwleidydd Gweriniaethol. Ei swydd gynta oedd cadw siop groser a dillad dynion yn San Diego. Yn dilyn marwolaeth ei dad fe gymrodd James Percival y busnes angladdau drosodd. Cafodd ei ethol i Gyngor y Dref a bu yno o 1914 hyd 1917 pan oedd hefyd yn arolygwr adran y frigad dân. Yn 1931 cafodd ei benodi yn Bennaeth yr Heddlu ond o fewn tri mis fe ymddiswyddodd oherwydd ei rwystredigaeth wrth ddelio â'r llygredigaeth oedd yn bodoli o fewn gwasanaeth yr heddlu. Fe gafodd ei ethol yn faer San Diego yn 1935 a chafodd ei ail ethol i'r swydd honno yn 1939. Bu farw ar Dachwedd 4ydd 1942. Roedd ganddo ef a'i wraig Grace Legler ddau fab ond bu un ohonynt, Percy James Junior, farw yn 25 oed

George Legler Benbough.

mewn damwain awyren ar y 20fed o Chwefror 1932. Cymerodd y mab arall, George Legler Benbough, drosodd y gwasanaeth angladdau yn y 1930au. Ehangodd y busnes yn dilyn marwolaeth ei dad gan ddod y busnes angladdau mwyaf yn America. Yn ystod ei fywyd rhoddodd George dros filiwn o ddoleri i Amgueddfa Arlunio San Diego. Bu farw yn 1998 yn 89 oed. Gan nad oedd ganddo etifedd uniongyrchol i etifeddu'r miliynau o ddoleri a wnaethpwyd o'r busnes fe sefydlwyd y Legler Benbough Foundation sydd yn hybu a chefnogi gwahanol elusennau yn San Diego.

Ond gwell teithio adre o San Diego i'r Meinciau ac i dafarn Y Black.

Marie, merch Nance a Thomas John Williams sy'n rhedeg y tafarn bellach ac yn dilyn marwolaeth ei gŵr, Malcolm Evans, penderfynodd Marie gadw'r tafarn yn agored ond agor tair gwaith yr wythnos y mae hi bellach.

Rhaid mynd nôl tair cenhedlaeth eto cyn cael y darlun llawn. Cigydd oedd John Morris, hen dadcu Marie, yn byw yn fferm Mansant Fach, wedi symud yno o Glan Hiraeth, Mynyddygarreg. Roedd John tuag wyth mlynedd yn iau na Mary ac wedi priodi yn Eglwys Pontiets ar Fawrth 25ain 1864 symudodd i fyw i'r Black. Ganwyd iddynt bump o blant: John yn 1865, yr un flwyddyn â'i chwaer Elizabeth, Joseph ac Henry yn 1868 a Priscilla yn 1874. Bu Priscilla farw yn 1880 yn chwech oed ac ar ei charreg fedd mae'r pennill hwn:

Weep not for me my parents dear
I am not dead but sleeping here
If life was short I have longer rest
God called me when He thought best.

Yn ôl Cyfrifiad 1881 roedd teulu'r Black yn cynnwys John Morris, Mary ei wraig, a phedwar plentyn – John, Elizabeth, Joseph a Henry. Roedd John, y tad, yn hoff o'i gwrw ac yn hoff iawn o ganu. Byddai'n mynd o gwmpas tafarndai lleol fel y Lamb and Flag a'r Prince of Wales yn Mynyddygarreg ac yn swyno'r cwsmeriaid â'i ganu. Y ddwy ffefryn oedd "Bachgen Main" a'r "Blodyn Du". Bu John farw ar Fedi 19eg 1905 yn 65 mlwydd oed, blwyddyn o flaen ei wraig Mary. Roedd ar ei ffordd i fferm Tŷ Newydd ar fynydd Penbre i weld buwch glaf. Yn anffodus roedd John braidd yn feddw ar y pryd a syrthiodd oddiar y trap. Niweidiodd asgwrn ei gefn a bu farw.

Y mab, John, ddilynodd ei dad fel y tafarnwr nesaf ac mae cyfeiriad ato yn Llyfr Rhent Ystâd y Stepney yn 1909. Priododd Elizabeth ddyn o'r enw William Jones a ganwyd iddynt wyth o blant – Mary-Ann, Elizabeth, Stephen, Joseph, Priscilla, Alice, Edward a Nance. Priododd Henry Morris ar y 15fed o Fawrth 1890 ferch o'r enw Harriet Evans yn Eglwys Llangyndeyrn. Merch Daniel ac Anne Evans (gynt Job) oedd Harriet ac ar y pryd roedd hi'n byw yn Caegwyllt, fferm fechan ar hewl y Mynydd, tua chwarter milltir o sgwâr y pentre. Fe feichiogodd Harriet dair ar hugain o weithiau ond fe gollodd saith drwy gamgludiad. Ganwyd, un ar bymtheg o blant. Yn amlwg roedd hi yn dipyn o fenyw. Ac wrth feddwl am y peth, roedd Henry yn dipyn o ddyn hefyd! Bu farw pedwar plentyn yn yr un flwyddyn 1907 a thri ohonynt o fewn yr un wythnos yr 2il, y 7fed a'r 9fed o Chwefror oherwydd diphtheria. 'Congenital debility and acute bronchitis' oedd ar dystysgrif marwolaeth Poppy fu farw ym mis Mai.

	Dyddiad geni	Lle ganwyd	Dyddiad marwolaeth
Wil	1890	Caegwyllt	1968
Mary Ann (Nancy)	1891	Meinciau Bach	1976
John	1893	Meinciau Bach	1959
Margaret (Maggie)	1895	Tŷ Canol	Chwefror 1907
Charlotte (Lottie)	1896	Tŷ Canol	1973
Richard	1897	Tŷ Canol	1978
Bridget Tugela	1900	Tŷ Canol	1969
Jennie Priscilla	1901	Tŷ Canol	Chwefror 1907
Rhodie Selina	1902	Tŷ Canol	1988
Donna Camille	1903	Tŷ Canol	1904
Sage	1904	Green Hill	Chwefror 1907
Poppy Magdalene	1906	Green Hill	Mai 1907
Luther Daniel	1907	Green Hill	1909
Colwyn Benbough	1908	Green Hill	1966
Olive Doreen (Pinc)	1909	Green Hill	2001
Margaret Valerie	1916	Meinciau Mawr	1949

Mae'n syndod meddwl fod y teulu wedi byw yn Tŷ Canol, un o'r byth-ynnod gwyngalch yng nghanol y pentref, gan ystyried mai dim ond dwy ystafell oedd i'r tŷ. Ond bu rhaid symud yn y diwedd i Green Hill ac yna yn 1912 fe ymgartrefodd Henry, Harriet a'r teulu yn fferm Meinciau Mawr. Fel ei dad, cigydd oedd Henry ac mae'n ddiddorol sylwi ar sut mae traddodiad y gwahanol alwedigaethau yn treiddio i lawr o genhedlaeth i genhedlaeth. Cigyddion oedd galwedigaeth nifer o ddisgynyddion Henry, fel ei blant John a Benbough, a'r wyrion Cliff, Garwyn, Gideon a Jack. Roedd Jack yn briod â Frances chwaer Tom Gravell, sylfaenydd cwmni ceir Gravells yng Nghydweli. Mae'r cwmni hwnnw yn dal i fynd o nerth i nerth dan ofal llygaid barcud David, y mab, a'r wyrion Jonathan ac Ian.

Bu Henry farw yn 1919 yn ddyn cymharol ifanc ond bu Harriet fyw tan y 15fed o Hydref 1951 pan fu farw yn 80 oed yng nghartref ei merch Rhodie yng Nghaerfyrddin. Bu eu mab John a'i wraig Jennie yn ffermio Meinciau Mawr ac yn ystod eu teyrnasiad yno fe fagon nhw ddeg o blant – Jack, Maureen, Mair, Muriel, Garwyn, Cliff, Lyn, Ieuan, Gideon a Ken.

Dyn bach o gorff oedd Ieuan ac felly fe fu'n llwyddiannus iawn fel joci. Cafodd gryn lwyddiant ar y ceffyl *My Bluff*, ceffyl swyddogol Cyril Morris, ei frawd yng nghyfraith a gŵr Muriel ei chwaer, ond ceffyl roedd y teulu cyfan yn ymfalchïo ynddo. Eu tad John Meinciau Mawr oedd yr hyfforddwr.

Lottie oedd fy mamgu ac fe briododd hithau William Thomas, fferm y Ffrwd, Pontantwn. Roedd Lottie yn gefnither gyntaf i Priscilla Y Black, mam fy mam.

Mae hyn yn dangos nad oedd pobol, yn aml iawn, yn mynd ymhell i chwilio am gymar y dyddiau hynny. (Mae'r darllenwyr mwyaf craff wedi sylweddoli bod fy nwy famgu yn ddwy gyfnither gynta ac mai'r un fenyw oedd fy hen, hen famgu ar ochr fy nhad ac ar ochr fy mam, sef Mary Benbough.)

Roedd William yn fab i John ac Elizabeth Thomas a ddaeth i'r Ffrwd o Aberlash, Llandybie. Mae'n debyg nad oedd Elizabeth yn ateb gofynion teulu John pan roeddent yn caru – yr hen, hen stori unwaith eto. Felly, gwahanu wnaeth y ddau ac fe ymatebodd John i'r siom drwy fynd i weithio yn Ohio yn America ac yna draw i California lle cyfarfu â Billy the Kid. Priododd Elizabeth gigydd lleol a chafodd bedwar o blant. Un o'r plant hynny oedd Lydia a briododd John Thomas Coedwalter, Llangyndeyrn ac o'r briodas honno magwyd pedwar plentyn – Tom, Jennie, Lizzie Ann (mam y Ficer Hugh Thomas) a Maggie a briododd David Richards, Ystradferthyr. Bu David Richards yn ysgrifennydd ym Moreia am flynyddoedd lawer.

Beth bynnag, bu farw'r cigydd a daeth John adre i ail gynnau fflam cariad ac fe briododd y ddau ar Fawrth 29ain 1879. Roedd John erbyn hyn yn 42 a hithau Elizabeth 10 mlynedd yn iau. Ganwyd iddynt chwech o blant ac William fy nhadcu oedd un ohonynt.

Roedd John yn fawr ei barch yn ardal Llandybie. Ef oedd organydd y capel a phan symudodd y teulu i'r Ffrwd fe ysgrifennodd ei ffrind, y bardd Watcyn Wyn, y penillion hyn:

JOHN THOMAS

Colled i ni gyda'n gilydd
Golli John o Aberlash
Cymro cadarn, un o'n cedyrn
Nid rhyw sbrig yn torri dash.

Bydd yn golled i'n cymdogaeth
Am ddyn rhadlon heb ei ail,
Bydd yn golled i'r gwasanaeth
Yn y capel yn Tirydail.

Mae John Thomas yn ymadael
O dan goron parch y lle.
Mae yn mynd â'n dymuniadau
Goreu yn ei ganlyn e.

Mae yn mynd â bendith ffarwel
Y cyfarfod mwyaf brwd
Yn ei ddilyn o'r hen ardal
Am ei lwyddiant yn y Ffrwd.

Dechreuodd Lottie a William eu bywyd priodasol yn Fferm y Ffrwd cyn symud i Fferm Penybanc ar heol o Langyndeyrn i Landdarog ac yna yn 1933 symud i Fferm Gellygatrog. Cafodd Lottie a William naw o blant – Jack, Margaret, Nancy, Jean, Betty, Dilys, Wyn (a fu farw yn fabi) Rhys a Huw. Priododd Jack â Eirwen Bowen Torcefen, merch John Bowen a Priscilla a fu farw pan oedd Eirwen yn ddim ond pedair mlwydd oed. Priododd John yr ail waith ac roedd ei ail wraig Margaret Rees yn dod o ardal Philadelphia tu allan i Gaerfyrddin. Yn drychinebus, bu Margaret farw yn y bath ar ddydd Sadwrn, Mawrth 23ain 1956. Jack ac Eirwen oedd fy rhieni ac yn 1952 fe dderbynion nhw anrheg o ferch fach, Margaret Joyce Priscilla, sydd nawr yn byw gyda'i theulu yn Hafod Hedd drws nesaf i Hafod y Gân.

Chwaer ifanca Lottie oedd Margaret a anwyd yn 1916 yr un flwyddyn â fy nhad ond roedd Margaret yn fodryb iddo! Hi oedd mam y chwaraewr rhyngwladol Robert Morgan.

Treuliodd Olive Doreen, neu Anti Pinc, ei bywyd yn gweithio yn y Gwasanaeth Iechyd. Bu am flynyddoedd yn Ysbyty Treforus cyn symud fel Matron i Ysbyty Merthyr. Wedi ymddeol bu Anti Pinc yn byw ym mhentref Crwbin.

Roedd fy nhadcu, John Bowen, yn fab i David a Rachel Bowen. Lladd-wyd David mewn damwain yng nghwar Blaen y Fan yn 1897 yn 31 mlwydd oed. Roedd ganddynt bedwar arall o blant – Mary a fu farw yn 1886, Charlotte a briododd Joshua Walters, Anne briododd Henry Hall a chael tri o blant a Leticia a ymfudodd i Awstralia yn 1913 i ddilyn ei darpar ŵr William Williams. Aeth yntau allan i ardal Newcastle, New South Wales, ddwy flynedd ynghynt i weithio yn y gweithfeydd glo. Priododd y ddau yn Awstralia a chawsant dri o blant, Jack, Dave a Gwen. Lladdwyd William mewn damwain yn y gwaith glo yn 1938 ac er na wnaeth Leticia na'i gŵr erioed ddod yn ôl i Gymru daeth eu merch Gwen draw gyda'i gŵr George ac aros yn fferm Blaenlline gyda Elizabeth, cyfnither Gwen a'i merch Priscilla Melville neu Baps i holl drigolion y gymdogaeth. Yn dilyn yr ymweliad hwn daeth Lynette, merch Gwen a George, draw am gyfnod helaeth yn ystod y 70au hwyr. Ers hynny bu chwaer Lynette, sef Pauline, draw nifer o weithiau ac erbyn hyn mae plant Pauline yn ogystal wedi ymweld â'r hen wlad. Dim ond pedair awr ar hugain bellach mae'n ei gymryd i deithio o'r wlad hon i Newcastle, New South Wales, lle mae'r teulu yn byw – sydd yn hollol wahanol i'r misoedd a wnaeth William a Leticia eu cymryd i fynd yno ganrif yn ôl.

Yn 1949 aeth Baps, merch Elizabeth a Stephen ac wyres Elizabeth a William Jones Y Black, i weithio fel nyrs yn Awstralia a Seland Newydd. Bu'n gweithio mewn ysbytai ym Melbourne, Brisbane a gerllaw Sydney. Bu hefyd mewn dwy ysbyty yn Seland Newydd, un yn Wellington a'r llall yn Taumarunui, sydd tua dau gan milltir o Auckland. Maoris oedd yn defnyddio'r ysbyty olaf yma yn bennaf ond doedd dim llawer o ffydd ganddynt ynddi. Lle i farw oedd yr ysbyty iddynt hwy. Yn ystod teyrnasiad Baps roedd tuberculosis yn gyffredin iawn ond daeth meddyg newydd i'r ysbyty ac fe dderbyniwyd dyn oedd yn wael ei iechyd ac yn dioddef o'r afiechyd. Fe wellodd y claf ac fe gafodd ei ryddhau. Gwnaeth hyn argraff gadarnhaol iawn ar y Maoris ac o hynny ymlaen nid lle i farw oedd yr ysbyty ond lle i wella.

Aros tu fewn i'w milltir sgwâr wnaeth Nance a'i chenhedlaeth. Ymgartrefu ym Mancffosfelen wnaeth Mary, Stephen yn Blaenlline, Joseph yn Brynmoir, Priscilla yn Hafod y Gân, Alice yn Awelfan ac Edward yn Penybryn. Pob un ohonynt o fewn ergyd carreg i'r Black. Serch hynny, bu dylanwad teulu estynedig y Black yn bellgyrhaeddol yn yr 160 mlynedd ddiwethaf – o'r Meinciau i Lundain, America, Awstralia a Taumarunui.

120

Rhai o Drigolion y Pentref

Ley

Doedd gan yr un pentre yn y byd siop fel Siop Ley. Dewch i ni gael mynd i mewn i'r siop. Unwaith y cerddwch drwy'r drws heibio'r pared pren ar y chwith rydych chi mewn yn y siop. Rydych chi mewn yn y parlwr, y lolfa, y gegin a'r ystafell wely. Un stafell oedd gan Ley ag eithrio'r pantri bach. Roedd y gwely yn llanw hanner y stafell. Dan y gwely roedd yr ensuite – y pot pisio! Ar y gwely roedd y papurau dyddiol. Wrth ochr y gwely roedd ffwrwm ac os eisteddai rhywun ar un pen i'r ffwrwm, a neb arall arni, yna, fe fyddai'r ochr arall yn saethu i'r awyr a byddai'r eisteddwr ar ei ben ôl ar y llawr. O flaen y ffenest fach, a'r unig ffenest yn yr ystafell gyda llaw, roedd y ford a thu hwnt i'r pared pren roedd y silffoedd yn llawn o boteli losin – y *boiled sweets* a nwyddau eraill.

Yn y wal wrth ochr y gwely roedd y lle tân a byddai Ley yn bwydo'r tân gyda'i dwylo. Welais i erioed rhaw yn llaw Ley – doedd dim angen rhaw roedd ganddi ddwy law fel dwy raw! I mi fel plentyn roedd Ley yn wompen o fenyw ac os byddai Ley yn digwydd bwydo'r tân â glo neu bele mond pan fyddech yn galw am losin byddai'n codi yn syth ac yn dodi ei llaw mewn yn y botel briodol ac yn pysgota'r losin di-bapur y gofynnwyd amdanynt. Doedd dim sôn am olchi dwylo ond ni fu neb yn dost am wn i.

Yn ystod y rhyfel 1939-45 daeth llyfrau dogni bwyd i fodolaeth. Gwnaethpwyd hyn er mwyn ceisio rheoli'r prisiau a'r galw am fwyd. Er enghraifft fe gafwyd dogni ar fara o 1946 hyd 1948, bu dogni ar datws am ychydig amser o 1947 ymlaen ond bu dogni ar de hyd 1952 a siwgr ac wyau hyd 1953. Yn 1954 daeth diwedd ar y llyfrau dogni. Roedd sôn fod gan Ley ei hoff gwsmeriaid ac ar brydiau byddai Ley yn anwybyddu gofynion y llyfrau dogni!

Roedd Ley yn hynod o garedig i ni fel plant y pentre a rhoddai dair ceiniog i bawb a lwyddai yn arholiad y "scholarship." Ond fe fyddai ambell i ddihiryn yn mwynhau chwarae trics arni. Llanwodd un cymeriad, a gaiff fod yn ddi-enw, *churn* laeth â dŵr, pwyso'r *churn* yn erbyn drws Siop Ley, yna cnoco ar y drws a rhedeg i ffwrdd. Ley, wrth gwrs, yn agor y drws a'r dŵr yn morio i mewn i'r siop.

Roedd y siop yn fan cyfarfod ac, i raddau, yn ateb gofynion trigolion y pentre. Mae'r siopau anferth, di-gymeriad a welir yn ein trefi ni heddi neu yn hytrach tu allan i'n trefi, yn eglwysi cadeiriol y byd materol.

Mwynhaodd Ley erioed ryw gyfoeth mawr ond roedd wrth ei bodd yn trin a thrafod bywyd beunyddiol y pentre gyda'i chwsmeriaid – ifanc a hen. Dyna oedd cyfoeth Ley.

Marged y Bryn

Marged Walters neu Marged y Bryn oedd ceidwad y Capel am gyfnod o bron pedwar ugain o flynyddoedd. Dywedwyd iddi ddechrau pan oedd ond o gwmpas un ar bymtheg oed a bu wrthi tan 1965. Bu farw ar Ebrill 2ail 1967 a hithau yn 92 oed.

Roedd Marged neu Miss Walters, fel roedden ni'r plant yn ei galw, ond yn cysgu yn ei chartref 'Y Bryn' – bwthyn bychan ryw chwarter milltir o'r capel ar Hcol Meinciau Mawr. Roedd yn treulio'r diwrnod cyfan, o fore gwyn tan berfedd nos, yn y Festri yn gwneud a chael ei phrydiau bwyd i gyd yno. Roedd sglein ar bopeth, y Festri yn ogystal â'r capel, a gwae i ni'r plant ddodi ein traed ar feinciau'r Festri yn ystod yr Ysgol Sul. Byddai Marged yn eistedd yn y sedd gefn ac yn gwylio pawb.

Parti pen-blwydd Marged Walters. Yn y llun mae y gweinidog Elwyn Williams, ei wraig Enid a'r ferch fach Eunice.

Yn y blynyddoedd cyn i drydan ddod i'r ardal Marged oedd yn gyfrifol am oleuo'r capel – nid gwaith hawdd o gwbl. Tu allan roedd adeilad bychan ar wahân i'r capel. Tu fewn i'r adeilad yma roedd mainc a chafan yn eistedd arni. Gwaith Marged oedd arllwys carbeid i'r cafan a'i gymysgu gyda dŵr i gynhyrchu'r nwy angenrheidiol. Byddai'r nwy hwn yn cael ei drosglwyddo ar hyd pibell fechan i'r capel. Tu fewn i'r capel roedd nifer o lampiau a'r rhain yn cael eu tanio un ar y tro. Roedd hyn yn dipyn o waith i Marged. Felly, gwelodd newid byd yn llwyr pan ddaeth oes y trydan i'r capel yn 1938.

Yn 1963 derbyniodd y Medal Gee am ei gwasanaeth i'r capel. Dwy ddim yn meddwl iddi golli un gwasanaeth tan y diwedd – tipyn o record!

Mae'n debyg bod Marged yn hoff o'i brandi ac yn ddiarwybod i bawb byddai yn derbyn "tot" o frandi yn ddyddiol wrth Nance y Black, a'r Black wrth gwrs drws nesaf i'r Festri. Dwyf i ddim yn meddwl bod y diaconiaid yn gwybod!

Roedd sôn ei bod yn caru John, mab John a Mary Morris y Black, pan yn ferch ifanc ond ddaeth dim o'r garwriaeth ac yn ddibriod bu'r ddau ohonynt.

Wil Brynbarre

Roedd Wil Brynbarre, neu Wil Sage, yn dipyn o gymeriad. Wil Evans oedd ei enw ac roedd yn briod â Sage. Ganwyd iddynt ddwy ferch, Glenys a Mair. Byw yn 'Morning Star' oedd Wil a Sage ochr draw i dafarn y Black – cyfleus iawn i Wil wrth gwrs. Mae stori ddifyr am Wil yn mynd i'r dre un dydd Mercher yn y bws, fel oedd yr arferiad, ond y tro yma daeth nôl yn gynnar. Ta beth, yn hytrach na mynd gartre fe benderfynodd alw yn y Black heb yn wybod i Sage. Ond roedd ei gi yn gwybod! Roedd yr hen gi yn ei ddilyn i bobman ac fe benderfynodd ddilyn ei feistr a gorwedd tu allan i ddrws ffrynt y Black oedd yn gwynebu 'Morning Star'. Wrth fynd i'r tŷ bach fe welodd Wil y ci a dyma gic iddo yn ei ben-ôl gyda'r floedd: "Cer gartre y clapgi diawl!"

Nid fferm oedd 'Morning Star' ond tyddyn ac roedd Wil wrth ei fodd yn cadw ychydig o foch, gwartheg a lloi. Glöwr oedd Wil ac yn gweithio shifft nos gan amlaf, ond yn fynych iawn byddai yn mynd yn syth o'r gwaith i'r mart yng Nghaerfyrddin heb funud o gwsg. Doedd e ddim yn gyrru, felly teithio ar y bws i Gaerfyrddin fyddai yn ei wneud pan oedd angen mynd i'r mart. Os byddai Wil wedi prynu mochyn bach dim ond un ffordd oedd dod ag ef adref – ar y bws. Os byddai yn prynu llo byddai hwnnw yn cael yr un moethusrwydd â'r mochyn bach gydag un gwahaniaeth. Bws *double decker* oedd gan gwmni South Wales, a thra fyddai'r mochyn bach yn teithio ar y top byddai'n rhaid i'r llo fodloni ar y llawr gwaelod.

Er mwyn bwydo'r moch byddai Wil yn derbyn gweddillion y cinio dyddiol o Ysgol Gwynfryn. Byddai'r swil yma yn llanw bin mawr yn llawn dop a ni y plant yn nosbarth Mr George oedd â'r cyfrifoldeb o'i ddodi ar y bws ar ddiwedd y prynhawn a'i warchod ar y daith lan o Gwynfryn i sgwâr y Meinciau. Erbyn cyrraedd pen y daith byddai platform y bws yn morio ond doedd neb yn cwyno ac rwy'n siwr fod moch Wil yn ddiolchgar dros ben i ni.

Bu Wil farw yn 1961 yn 67 oed, wyth mlynedd o flaen Sage a fu farw yn 1969 yn 81 oed. Ie, tipyn o gymeriad oedd Wil.

Dewi Gravell

Dewi, hyd yma, yw'r diweddaraf o blant Moreia i benderfynu mynd i'r weinidogaeth – ond yn anffodus ni wnaeth gyflawni ei uchelgais. Roedd Dewi a finne yn dipyn o ffrindie ac fe'i addysgwyd yn Ysgol Gynradd Gwynfryn ac yna yn Ysgol Uwchradd Fodern Pontyberem o ganlyniad iddo fethu yr hen "scholarship" – enghraifft dda o ddiffygion yr hen arholiad hwnnw. Gadawodd yr ysgol yn bymtheg oed ac aeth i weithio i siop ddillad dynion yng Nghaerfyrddin.

Roedd Dewi yn dipyn o ddihiryn pan oedd yn fachgen ifanc ond dihiryn

Dewi Gravell.

annwyl iawn. Byddai wrth ei fodd yn cael ei gyfoedion i chwerthin ar drip y bobl ifanc neu hyd yn oed yn y capel os byddai'r bregeth braidd yn sych. Yn aml byddai het Ann Pen Tyle yn mynd am drip pan eisteddai ar ddiwedd canu emyn. Dewi fyddai'n gyfrifol.

Ond o gwmpas 1967 penderfynodd Dewi fynd mewn i'r weinidogaeth. Nododd ei weinidog, y Parch. I. G. Davies yn ei adroddiad blynyddol (Ionawr 1968): "Cawsom yr hyfrydwch o weld un o'n pobl ieuainc yn

124

ymglywed â galwad i bregethu'r Efengyl, sef y brawd Dewi Gravell. Llawenydd oedd gwrando arno'n rhoddi ei bregeth brawf ar y nos Sul olaf o Fai."

Aeth i Goleg Bala Bangor ond yn ystod amser gwyliau haf 1970 aeth at ei frawd a oedd yn cymryd ychydig ddyddiau o wyliau yn Ninbych y Pysgod ac, yn anffodus, fe foddodd Dewi yn y môr. Dyna golled erchyll i'w deulu, ei ffrindiau a'r eglwys yn gyffredinol.

Dai Rees

Dwyf i ddim yn cofio Dai Rees ond rwy'n dal i'w adnabod oherwydd i mi glywed cymaint amdano. Roedd Dai Rees a'i wraig Kate yn byw yn 'Tŷ Canol'. Roedd Dai, fel oedd yr arferiad yr adeg honno, yn arddwr o fri ac wrth gwrs roedd yna gystadlu brwd rhwng nifer o bentrefwyr i weld pwy fyddai'r cyntaf i dynnu tatws cynnar. Yn ddiffael Dai Rees oedd yn ennill bob blwyddyn. Ef hefyd, yn ôl Ken Williams, oedd berchen ar y modur cyntaf yn y pentref a neb yn siwr iawn sut oedd yn medru ei fforddio ac yntau fel cyn-löwr wedi gorfod rhoi'r gorau i'w waith oherwydd afiechyd. Roedd ei fodur yn debyg i'r rhai a welwyd mewn ffilmiau ac yn cael eu gyrru gan droseddwyr fel Al Capone. Cadwyd y modur yn ei amwisg arbennig mewn garej yng nghae 'Blaenyfan'. Roedd y plant yn cael caniatâd i chwarae yn y cae hwn ar yr amod fod neb yn cyffwrdd â'r garej, ac ers y dyddiau hynny fe elwir y cae yn "Cae Garej".

Doedd Dai ddim yn defnyddio'r modur yn aml iawn ond roedd hi yn dipyn o achlysur pan fyddai drws y garej yn agor a'r hen fodur yn dod allan. Dai yn ei ddillad gore a Kate yn y cefn yn gwisgo het fawr ac yn chwifio ei llaw fel brenhines ar y trigolion oedd yn tyrru i'w gweld.

Roedd plant y pentre, yn ôl Ken, yn ofnus iawn o Dai. Roedd ganddo arferiad o aros ar drothwy'r drws, un fraich yn pwyso ar y ffrâm a'r llall yn chwarae â'r *belt* oedd o amgylch ei fol anferth. O bellter byddai'r plant yn teimlo'n ddiogel ac yn barod i wneud sbri am ei ben gan weiddi allan:

> Dai Rees cawl pys
> Dala chwannen
> Ar ei grys
> Bob nos fel y cloc
> Dala chwannen
> Ar ei .....!

Bechgyn Awelfan:

Maurice Williams

Un o gymeriadau mawr dynoliaeth oedd Maurice. Ganwyd ef ar Fawrth y 6ed 1919 yn blentyn i John ac Alice Williams. Un o ferched y Black oedd Alice ac roedd ei gŵr, John, yn deiliwr medrus iawn gyda'i siop waith yng ngardd y Black. Maurice oedd y plentyn cynta i'r ddau ac fe'i dilynwyd gan Ken, sy'n byw yn Lerpwl ers dros hanner canrif, a Kerri sy'n byw bellach nôl yn yr hen garetref gyda'i wraig Joyce a'i ferch Gill.

Cafodd Maurice ei addysg yn Ysgol Gwynfryn, ei unig ysgol, ac mewn amser ymunodd â'r Llu Awyr. Roedd ei dad yn awyddus i Maurice ymuno â'r heddlu. Ond, er ei fod yn dal iawn doedd maint ei *chest* ddim yn cyrraedd y gofynion, sydd yn anodd ei gredu o adnabod Maurice, ac aeth ati i ymarfer â'r *Chest Expanders* – ond heb lawer o lwc!

Yn dilyn y rhyfel astudiodd Maurice mewn ysgol nos am ddwy flynedd cyn ymuno â'r Gwasanaeth Sifil yn Llundain. Bu yno am ddeugain mlynedd gan ddod yn flaenllaw iawn ym mywyd Cymry Llundain. Roedd yn actor ardderchog a rhannodd lwyfan drama a nosweithiau llawen diri â phobl fel Ryan Davies, Rhydderch Jones a Gwenlyn Parry. Dywedwyd bod ei bortread o Harri'r VIII yn fythgofiadwy, er yn gorfforol roedd Maurice ddwy waith ei faint. Cawr o gorff a chawr o gymeriad oedd Maurice.

Wedi ymddeol daeth nôl i fyw gartref i'r Meinciau. Fe daflodd ei hun i mewn i fywyd y pentre a'r ardal. Bu yn cyfarwyddo dramâu yn Neuadd Mynyddygarreg gyda Chwmni y Castell Cydweli. Un o'r dramâu hynny oedd drama enwog Emlyn Williams, *Night Must Fall*.

Roedd gan Maurice y ddawn o adrodd stori dda. Un o'r storïau hynny sy'n weddus i'w hailadrodd yw'r stori am ei fam yn anfon llythyr at Maurice yn Llundain i ddweud hanes yr estyniad i'w thŷ. Yn Saesneg byddai Alice yn ysgrifennu:

> *Dear Maurice,*
> *The building of the extension is coming on fine. Will* (the builder and Alma Carter's father) *and I have now reached the intercourse stage . . .*

Damp course roedd hi yn feddwl!

126

Dwy law chwith oedd gan Maurice – doedd e ddim yn ddyn ymarferol o gwbwl! Aeth ati un diwrnod i baentio to sied ei fam. Dyna lle roedd e ar ben y to – wedi llwyddo i baentio o'i gwmpas cyn sylweddoli ei fod e yn y canol ac o ganlyniad mewn ychydig o drafferth!

Bu yn weithgar gyda'r deillion yng Nghaerfyrddin gan gydweithio yn hwylus iawn gyda Rhian Evans. Bu hefyd yn perthyn i grŵp o'r ardal oedd yn cyflwyno nosweithiau llawen neu *poems and pints* – nosweithiau a gynhaliwyd mewn llefydd yn ymestyn o Lanybydder i Borthcawl – nosweithiau bythgofiadwy.

Rwy'n cofio i Maurice a finne gynnal noson yn festri Salem, Pedair Heol, ac roedd wrth ei fodd. Dyna'r tro olaf i mi ei weld – roedd ychydig o anwyd arno. Bûm ar y ffôn nifer o weithiau ond doedd yr hen anwyd ddim yn gwella. Yn anffodus gwaethygu wnaeth Maurice. Bu rhaid iddo fynd i'r ysbyty lle bu farw yn sydyn iawn o *"strangulated hernia"* wnaeth arwain at *"septicaemia"* ar y 9fed o Fai 1986 ac yntau yn ddim ond 67 oed.

Ken Williams
Ganwyd Ken, brawd Maurice a Kerri, ar Ragfyr 8fed 1924. Un o'i atgofion cyntaf yw mynd draw i'r Festri adeg streic y glowyr yn 1929 a rhywun yn gwrthod rhoi cawl iddo oherwydd doedd e ddim yn fab i löwr. Ni chymerodd y person hwn i ystyriaeth fod ei ddau dadcu a phedwar ewythr iddo wedi gweithio yn y lofa o adeg eu bachgendod. Ond roedd math o *chalet* yng ngardd Awelfan yr adeg honno yn loches i rai o ferched y Black oedd yn dioddef o *tuberculosis.*

"Roedd y *chalet* yma yn adeilad hyfryd a chysurus," meddai Ken, "ac rwy'n gwybod nad oedd modd i'm mamgu a'm tadcu dalu amdano. Pwy felly a dalodd amdano – wel, neb arall ond glowyr Cwm Gwendraeth allan o'u cyflogau prin yn ystod degawd enbyd y dau ddegau." Mae dwy ochr i bob stori.

Yn dilyn ei addysg cynnar yn Ysgol Gwynfryn aeth Ken ymlaen i Ysgol Ramadeg y Bechgyn, Caerfyrddin. Roedd yn chwaraewr rygbi arbennig o dda – chwaraeai i dîm yr ysgol ac yna i Quins Caerfyrddin a thîm Pontyberem. Blaenasgellwr oedd Ken a fe sgoriodd y cais pan gurodd Pontyberem Y Tymbl am y tro cyntaf ar gae'r Tymbl ar ddydd Nadolig 1948. Yn ôl y *Journal* roedd 3,000 yn gwylio'r gêm.

Roedd Ken yn flaenllaw yng ngweithgareddau'r capel, yn enwedig Cymdeithas y Bobol Ifanc a fyddai'n cwrdda bob nos Iau yn y Festri. Yn aml iawn byddent yn paratoi ar gyfer cynnal cyngerdd neu noson lawen ac yna mynd o gwmpas gwahanol gapeli'r cylch gyda'i sioe. Yn chwarae rhannau allweddol yn y cyngherddau hyn gyda Ken fyddai ei frodyr Kerri a Maurice, Megan Morris wrth y piano, Lyn Morris, Sal Davies Tŷ Top, Beti King, Beti Jones Blaenlline, Reg Morris a Don Jones 'Tŷ Cornel'. Roedd Ken, Don a Reg yn canu fel grŵp gan gyfansoddi'r geiriau eu hunain ac roedd Dewi Davies yn ardderchog fel arweinydd y gymdeithas.

Roedd Ken wrth ei fodd yn ysgrifennu penillion ar gyfer y nosweithiau hynny. Byddai'r nosweithiau yn gorffen gyda chân yn cynnwys y geiriau hyn:

Nôl at Ley, May a Magi
Sydd â'u gwen fel heulwen haf,
Nôl i'r bwthyn bach lle'm ganed
Rhaid i ni ddweud Nos da
Nos da.

Roedd y capel a chrefydd yn bwysig iawn i Ken, fel y mae yn dal i fod nawr yn Lerpwl. Roedd aelodaeth Moreia yn y tri degau dros ddau gant a hanner o leiaf a'r Ysgol Sul yn medru ymffrostio bod dros gant yn bresennol yn rheolaidd. Bob blwyddyn byddai dau o'r bobol ifanc yn cael eu penodi i fod yn gyfrifol am y *"Penny Bank"* – yr arian gasglwyd yn cael ei ddodi yn enw'r capel yn y banc a'i rannu allan i'r teuluoedd oedd yn cyfrannu ar ddiwedd y flwyddyn gyda'r capel, wrth gwrs, yn cadw'r llôg. Rwy'n cofio hyn yn bodoli pan oeddwn i yn mynychu'r Ysgol Sul hefyd yn y 1950au.

"Uchafbwynt y flwyddyn i mi fel plentyn," meddai Ken, "oedd trip yr Ysgol Sul a drefnwyd bob mis Awst i lan y môr. Un flwyddyn i'r Gorllewin – fel Llansteffan, Tenby a Saundersfoot er enghraifft, ac yna y flwyddyn nesa i'r Dwyrain – Aberafon, Porthcawl neu'r Mwmbwls falle.

Dyma'r unig gyfle i'r plant gael rhywbeth yn wahanol yn eu bywydau er, chwarae teg, o dro i dro, byddai un o'r ffermwyr lleol yn barod i fynd â'r plant ac ambell oedolyn yn ogystal yn ei gambo a'i geffyl i *Ferryside.*"

Ymunodd â'r Llu Awyr gan obeithio mynd yn beilot, ond yn anffodus roedd Ken yn *"colour blind"* ac felly doedd hi ddim yn bosib iddo ddilyn y llwybr hwnnw a phenderfynnodd ymuno â'r llynges. Dilynodd gwrs ym Mhrifysgol Lerpwl wedyn cyn derbyn swydd gyda'r Gwasanaeth Iechyd yn y dref, a bu yno tan iddo ymddeol. Mae'n dal i fyw yn Lerpwl gyda'i wraig Audrey.

Mae Ken yn cofio pum siop yn y pentre yn gwerthu mân bethau a hyn, meddai ef, mewn amser cyfyng ofnadwy pan oedd tlodi i'w weld ym mhobman. Mae hefyd yn cofio gweld dynion allan o waith – *tramps* byddai'r brodorion yn eu galw – pobol oedd yn cerdded o un wyrcws i'r llall. Roedd un yn Llanelli ac un arall yng Nghaerfyrddin. Roeddynt yn aml iawn, yn ôl Ken, yn cysgu neu'n gorwedd ym môn y clawdd a gwae unrhyw un fyddai yn aflonyddu arnynt. Roeddynt yn cardota o dŷ i dŷ, yn gofyn gan amlaf am fwyd.

Pan oedd yn blentyn yn y tri degau roedd chwarae tenis ar yr heol fawr yn un o hoff chwaraeon y plant. Doedd dim fawr o draffig felly roedd hi'n hollol ddiogel, yn wahanol i'r sefyllfa heddi. Gwellt neu wair oedd y rhwyd a'r ddwy law oedd y racedi gyda Fred Perry, Bunny Austin a Dorothy Round yn trawsnewid sgwâr y pentre i fod yn Wimbledon go iawn!

Gêm arall ddaeth i gof Ken oedd *"Cat and Dog"*. Torri brigyn o goeden, dim mwy na modfedd mewn trwch ond tua chwech modfedd o hyd. Minio'r ddau ben i'w gwneud yn siarp, yna defnyddio gwialen neu ffon i guro un pen a gweld hwn, y *"cat"* yn codi gyda'r ergyd a'r pwrpas wedyn oedd rhoddi ergyd gyda'r ffon, y *"dog"* i weld pa mor bell y byddai yn teithio ac yna mesur y pellter.

Roedd bechgyn y pentre yn hoff iawn hefyd o chwarae â "wasier a *spoke*." Cylch o fetal o leiaf deunaw modfedd mewn diamedr a hanner modfedd o drwch oedd y wasier wedi ei wneud gan y gof. Roedd y *spoke* wedi ei gwneud allan o ddolen hen fwced ac roedd fel brec i gadw'r wasier dan reolaeth. "Roeddem yn chwarae â'r tegan yma," meddai Ken, "ar y ffordd i lawr ac yn ôl o'r ysgol."

Mae'n cofio chwarae "Naw cam a Naid". Roedd llawer o'r pentrefwyr yn cadw ieir ac yn aml iawn byddai wyau clwc ar gael – wyau a fyddai'n hollol afiach i'w bwyta. Y gêm oedd dodi un o'r wyau yma ar lawr, yna cuddio llygaid un o'r plant a dodi gwialen neu ffon mewn un llaw. Yna cymryd naw cam nôl o'r ŵy a throi'r plentyn i wynebu'r targed. Y nod oedd defnyddio gwialen i falu'r ŵy ond nid oedd llawer yn llwyddiannus.

Roedd y tîm criced yn bwysig iawn yn y tri degau. Ffermwyr a glowyr oedd mwyafrif y tîm a rhai o'r glowyr yn dod yn syth o'u gwaith i'r cae criced. Coetenau, "*Quoits*", oedd gêm boblogaidd arall yn y pentre.

Er bod Ken yn byw yn Lerpwl, ers ymhell i dros chwech deg o flynyddoedd, mae'r pentre yn dal i lanw rhan go helaeth o'i galon.

Kerri Williams

Kerri oedd brawd bach Maurice a Ken. Ganwyd Kerri ar Ragfyr 27ain 1927 a'i enwi yn Kurri. Roedd hyn oherwydd i'w ewythr William Williams, 'Tŷ Bach', symud o'r Meinciau i Kurri Kurri, Awstralia. Ond penderfynodd Kerri bod rhaid newid yr U i E ac felly Kerri yw y brawd bach.

Mae'n byw yn ei hen gartref 'Awelfan', yr unig un o'r tri brawd a anwyd yno. Bu ef a'i briod, Joyce, a'u merch Gill yn byw hefyd yn 'Hafod y Gân' ac yn rhif 6 Bryn Moreia cyn dychwelyd nôl i 'Awelfan'.

Ei atgof cyntaf yw cario dŵr o'r pwmp ar y sgwâr i'r tŷ yn 'Awelfan'. Dyna, wrth gwrs, oedd patrwm dyddiol pob teulu yr adeg honno. Roedd y capel yn chwarae rôl ganolog ym mywyd y pentre y dyddiau hynny ac mae hyn yn dal i fod yn wir o hyd yn hanes Kerri a'i deulu.

Ysgol Gwynfryn oedd ei unig ysgol heblaw am ysgol bywyd a mae'n cofio dysgu sol-ffa wrth draed ei athrawes, Miss Enid Davies (chwaer y Parch. Eirian Davies). Rhaid bod ei athrawes wedi gweld rhywbeth neulltuol yn y crwt ifanc gan iddo gael ei ddewis i fod yn feirniad yn Eisteddfod yr Ysgol ac yntau yn dal i fod yn ddisgybl yno!

Gadawodd yr ysgol yn 14eg oed a mynd i weithio yn Garej Nelson yng Nghaerfyrddin cyn ymuno â'r fyddin yn ddeunaw oed. Ar ôl gadael y fyddin bu Kerri yn gweithio yng Nghwar y Fan am gyfnod, yng Ngwaith Powdwr Penbre, yn y gwaith glo ac yna yn Fishers yn Felinfoel lle bu am 26 o flynyddoedd.

Mae Moreia wedi chwarae rhan bwysig a chanolog yn ei fywyd erioed. Pan oedd yn ifanc roedd Kerri hefyd yn mynychu Cymdeithas y Bobl Ifanc ac yn mwynhau y profiadau gwerthfawr oedd yn eu cael yno. Cafodd ei fedyddio gan M. T. Rees – yn un o ddeugain! Mae'n cofio'r adeg pan fyddai cwrdd gweddi bob nos yn ystod yr wythnos oedd yn arwain at Sul y Bedydd. Roedd y capel yn ganolfan pwysig ac allweddol ym mywyd y pentref a'r ardal. Cwrdd gweddi wythnosol, Cymdeithas y Chwaeroliaeth, Cwrdd Paratoad a Chwrdd y Plant, er bod Kerri yn cofio ambell i ddiacon yn gwrthwynebu cynnal Cwrdd y Plant ar y sail mai gwastraff o gyfarfod oedd e! Yn 1959 cafodd Kerri ei ethol yn ddiacon ac, yn ogystal, mae wedi bod yn arweinydd y gân yn y capel ers dros hanner can mlynedd, yn dilyn ei ewythr Stephen Jones, Blaenlline. Tipyn o wasanaeth.

Mae'n cofio mai casglu arian tuag at gael organ newydd oedd un o'r tasgau cyntaf y bu rhaid iddo ei gwneud fel diacon. Agorwyd yr organ bîb newydd ar Ebrill 4ydd 1963 ac fe gasglwyd digon o arian i gwrdd â'r gost o £2,084 10s 0c.

Gwnaeth Kerri gyfraniad pwysig i'r tîm pêl-droed. Bu hefyd yn aelod o'r tîm criced ac mae yn un o ffyddloniaid tafarn y teulu – tafarn y Black. Yn sicr mae Kerri yn un o hoelion wyth Meinciau – mae wedi chwarae rôl bwysig ym mhob agwedd o fywyd y pentref. I ddathlu ei benblwydd yn 80 fe gyflwynodd Emlyn Dole a Gwenda y penillion hyn iddo:

> Mae'n agor y capel mae'n cynnal y tân,
> Mae'n gwarchod adeilad, mae'n codi y gân,
> Yn ddiacon ffyddlon, yn fwrlwm o waith.
> Cyfaill Moreia dros flynyddoedd maith.

> Dim just codi'r canu ac arwain y gân,
> Mae'n llenwi'r emynau ag angerdd a thân,
> Mae hwyl a llawenydd yn llenwi'r tŷ
> Pan fydd Kerri yn canu a'n harwain ni.

> Mae ganddo fe enw fel garddwr o fri
> Pêl-droediwr arbennig, yn gadarn a chry,
> Ond pan fydd yn canu, mae angylion y nef
> Yn aros i wrando ar ei ddoniau ef.

> Yn gyfaill gweinidog, yn ddiacon cry,
> Yn gwrls ac yn wen, dyna'n Kerri ni
> Un hwylus a hawddgar, mae'n gariad o ddyn
> Penblwydd hapus i Kerri oddi wrthom bob un.

Catherine Walters

Catherine yw'r hynaf o drigolion y Meinciau bellach. Erbyn hyn mae yn 93 mlwydd oed ond mewn casyn ardderchog. Mae ei chof a'i meddwl yr un mor finiog ag erioed, mae'n rhyfedd o sionc ac yn dal i yrru, er mai dim ond lawr i ganolfan yr henoed ym Mhontiets ac i'r cwrdd mae'r hen gar bach yn mynd erbyn hyn. Mae'r capel yn dal i chwarae rhan ganolog bwysig yn ei bywyd ac mae'n edrych ymlaen i'r Sul bob amser.

Cafodd ei magu yn fferm 'Gwndwn Mawr', yn ferch i John a Get Jones. Priododd Hubert mab tafarn 'Y Rhosan', Llandyfaelog, a ganwyd iddynt fachgen, sef Wyn, a fu yn filfeddyg yn ardal Chippenham. Yn 'Gwndwn Mawr' bu'r ddau yn ffermio tan iddynt ymddeol a mynd i fyw i 'Lime Grove', tua hanner milltir i gyfeiriad Pontiets o sgwâr y Meinciau.

Mynychu Ysgol Bancffosfelen wnaeth Catherine a gadael yr ysgol honno yn 14eg oed. Felly, ar un ystyr, tra roedd yn yr ysgol roedd yn ferch y Banc ond ar y Sul merch y Meinciau oedd Catherine yn cymysgu gyda'i ffrindiau yn yr Ysgol Sul.

Mae ganddi frith gof o Eisteddfod y Meinciau yn cael ei chynnal mewn pabell. Mae'n cofio'r car cynta yn y pentre – car Dai a Kate Rees.

"Roedd pobol lawer mwy dyfeisgar flynyddoedd yn ôl," meddai Catherine. "Rwy'n cofio yn iawn gwneud mat clwte – mat wedi ei wneud mas o hen ddefnyddie fel trwser, ffrog, siwmper ac unrhyw ddilledyn oedd wedi gweld ei amser gore."

Roedd gwaith y fferm llawer caletach y dyddie hynny o'i gymharu â nawr. Mae'n cofio casglu calch o'r odynau yn y cwar i'w wasgaru ar y tir ac, wrth gwrs, cyn oes y tractor y ceffylau oedd yn gwneud y gwaith. Roedd cynhaeaf gwair a llafur yn hollol wahanol ac mae'n credu bod tywydd cyfnod yr haf pan oedd hi yn ferch fach dipyn gwell na beth yw e nawr.

Mae'n cofio'r Sul yn cael ei gadw yn ddiwrnod cysegredig yng ngwir ystyr y gair. Doedd dim gwaith i'w wneud ar y Sul ond yr hyn oedd yn rhaid ei wneud. Wrth gwrs, gydag amser daeth y Sul yn debyg i ddiwrnodau eraill yr wythnos. Mae Catherine yn cofio'r Sul cyntaf iddyn nhw wneud gwaith ychwanegol ar y fferm.

"Doedd rhagolygon y tywydd ddim yn dda a dyma benderfynu troi'r gwair fel y byddem yn gallu ei gywain drannoeth. Doedd Mam ddim yn hapus o gwbwl â hyn a dyna lle roedd hi mas yn y cae a dim ond yn pipo o gwmpas i edrych os oedd rhywun yn ein gweld!"

Roedd y sipsiwn yn cartrefu ar y mynydd ger Garn Ganol yn rheolaidd flynyddoedd yn ôl ac mae Catherine yn sôn amdanynt yn dod i'w helpu i gywain gwair bob haf. Yna, yn ystod misoedd y gaeaf, byddent yn galw heibio i ofyn am ychydig o wair i fwydo'r ceffylau!

Catherine Walters a'i mab, Wyn y Fet.

"Roedd eu plant yn mynychu Ysgol Bancffosfelen ac roedden ni i gyd yn ffrindiau. Un diwrnod bu un o'r plant farw a gwnaethon nhw ofyn i mi fynd mewn i'r carafan i weld y corff. Roedd y tu mewn wedi ei orchuddio â llenni gwyn. Pan oedd oedolyn yn marw byddai'r corff yn cael ei gario gan y bobol leol, gan gynnwys y gweinidogion, lawr i Eglwys Llangyndeyrn. Doedd dim llawer o bobol ar gael felly roedd rhaid cyfnewid nifer o weithiau ar hyd y daith. Rwy'n cofio hefyd hen wraig yn marw ac yn dilyn ei marwolaeth roedd rhaid lladd y ddau geffyl a llosgi ei charafan. Roedd y sipsiwn yn bobol garedig iawn. Byddent yn cynnig lifft yn y cart i wahanol bobol, fel Nyrs Williams a oedd yn cerdded i bob man i weld ei chleifion. Byddai Nyrs Williams yn galw mewn gyda nhw hefyd pan oedd angen. Doedd dim angen chwilio am begs dillad o gwbwl – byddai'r sipsiwn yn mynd o dŷ i dŷ yn gyson yn eu gwerthu. Ond cofiwch chi, roedd ambell helynt. Rwy'n cofio un ohonynt yn cael ei ladd gan un o'i blant – hwnnw yn ei fwrw â photel."

Ond roedd cyfnod llencyndod Catherine yn gyfnod hapus tu hwnt – cerdded i bobman ac yn teimlo yn hollol ddiogel. "Mae bywyd yn fwy peryglus erbyn hyn. Ni'n clywed fwy am bethau ofnadw yn digwydd ond falle ein bod ni yn clywed fwy achos y teledu a'r radio. Doedd hyn ddim i gael blynyddoedd yn ôl ac oherwydd hynny doedden ni ddim mor ymwybodol o beth oedd yn digwydd. Doedd dim ffôn i'w gael hyd yn oed a telegrams oedd yn dod â newyddion pwysig i'r teulu."

Ie, menyw arbennig yw Catherine Walters neu Anti Catherine fel y mae i nifer o bobol, gan gynnwys finne.

Cafodd Wyn ei mab ei hyfforddi i fod yn filfeddyg ym Mhrifysgol Lerpwl a bu Ken Williams yn gymorth mawr iddo pan aeth am y tro cyntaf o bentref bach y Meinciau i le oedd ychydig yn fwy. Swydd gyntaf Wyn ar ôl graddio yn 1965 oedd yn Harlow, Essex. Symud wedyn i Cheltenham ac ers 1970 bu'n filfeddyg yn ardal Chippenham ac yn byw gyda'i wraig Eirlys yn Christian Malford lle mae'r ddau yn dal i fyw, er bod Wyn bellach wedi ymddeol. Bu Wyn am gyfnod yn filfeddyg i aelod presennol o'r teulu brenhinol neu, o leiaf, i anifeiliaid y ddynes honno. Ganddo ef hefyd oedd y gofal am anifeiliaid Sarah Ponsonby, perchennog fferm a ddaeth yn adnabyddus fel man cyfarfod i Roddy Llewellyn a Thywysoges Margaret yn ystod eu perthynas. Symudodd Sarah Ponsonby i fyw ar fferm yn Normandy yn Ffrainc ac er mwyn i'w hanifeiliaid osgoi "*quarantine*" gofynnwyd i Wyn i fynd draw gyda'r anifeiliaid i lenwi'r ffurflenni pwrpasol. Cafodd y milfeddyg o'r Meinciau benwythnos fythgofiadwy yng nghwmni Sarah Ponsonby a'i ffrindiau.

George Williams

(Rwy'n ddyledus i Joan Lewis (Roberts gynt) am y wybodaeth hon)

Yn fferm 'Meinciau Mawr 'roedd George Williams a'i wraig Mia yn byw. Wyres iddynt oedd Mary (Mari) Jones, Meinciau Bach. Bu Mari farw pan oedd yn 101 oed ac rwy'n flin eithriadol na wnes i wrando ar Mama a mynd draw i Meinciau Bach i gael sgwrs, neu sgyrsiau i fod yn gywir, gyda hi am hen hanes yr ardal. Ond dyna ni roedd pethau eraill yn mynd â'r sylw ar y pryd. Roedd gan Mari a'i gŵr William, a oedd yn saer coed yn y pentref, ddau o blant, Arwyn, sy'n ddiacon ym Moreia ers blynyddoedd, a Lizzie, mam Joan ac Alun. Bu Lizzie farw yn 1962 a hithau ond yn 43 mlwyd oed.

Magwyd Mari gan ei mamgu a'i thadcu ym Meinciau Mawr. Ond nid ffermwr yn unig oedd George. Roedd yn cario calch o Gwar Blaen y Fan i ffermydd yr ardal yn ogystal â cherrig i'r ffyrdd. Roedd George yn dipyn o gymeriad ac yn hoff iawn o'i gwrw. Pan oedd yn teithio nôl o Garwe a'r cyffiniau byddai'n galw i mewn yn aml iawn yn Nhafarn y Sgwâr ym Mhontiets. Byddai'n cario'r calch neu'r cerrig yn y cart gyda Prince y ceffyl yn ei dynnu ac roedd yr hen geffyl yn gyfarwydd iawn â'r drefen o alw yn y tafarn ar y ffordd adre.

Un bore Sul roedd angen benthyg ceffyl ar M. T. Rees y gweinidog i fynd i bregethu yng Ngharwe. Fe gafodd fenthyg Prince gan George a bant â hwy i Garwe. Aeth popeth yn hwylus iawn ond ar y ffordd adre, fel oedd M.T. a Prince yn cyrraedd Tafarn y Sgwâr dyma'r hen geffyl yn troi i mewn i'r dafarn. "Dim heddi, Prince bach," medde'r gweinidog gan obeithio bod neb yn eu gweld, "mae meistr arall gyda ti nawr."

Ond, fe gafodd George dröedigaeth a dyna ddiwedd ar yr yfed tra bu fyw.

Pan godwyd capel newydd Moreia o gwmpas yr 1880au cynnar cynhaliwyd nifer o gyfarfodydd yn sgubor 'Meinciau Mawr'. Bu George yn flaenllaw ar y Cyngor Plwyf a bu'n drysorydd ym Moreia am flynyddoedd lawer. Bu farw yn 1912 ac yna symudodd ei weddw Mia a'i wyres Mari i Meinciau Bach. Teulu Henry a Harriet Morris symudodd i mewn i 'Meinciau Mawr' wedyn.

Enillodd David Lloyd o Killay, Abertawe, un o gystadleuthau Eisteddfod y Meinciau gyda'r penillion yma er cof am George Williams:

Brodor hynaws, unplyg, dyddan gŵr a chysur yn ei wawr;
Llawn o natur dda yn wastad, oedd George Williams Meinciau Mawr.
Un o feibion plaen y werin – maen o'r chwarel fel y mae
Cyn ei drwsio i'r adeilad, cyn ei lunio a'i lyfnhau:
Dyn naturiol heb ddim ple,
Hawddgar, annwyl, yn y lle.

Er nad oedd yn gaboledig – er nad oedd yn ffrynt y mur,
Meddai ysbryd mawr caredig, gofir yn y cylch yn hir.
Llechau yn ei fynwes galon oedd yn caru helpu dyn;
P'un ai cyfaill yntau estron – 'roedd efe i'r ddau yn un
Gwelai gyfle i drugarhau
Lle roedd eraill yn gwel'd bai.

135

Meddai gorph a heriai'r tywydd mwyaf gerwin gyda gwên,
Byth ni welid ef yn gwisgo dwbl ddillad hyd yr ên.
Yr oedd ef mor wir naturiol – ni wnai natur iddo ddrwg
Gwenai hi yn ngwyneb Williams pan at eraill daliau ŵg.
   Yn y gwlaw neu yn y gwynt
   Llawen rodiai ar ei hynt.

Diesgeulus yn ei orchwyl – ei brif waith oedd "cadw'r ffordd,"
Gyda'i gerbyd a'i dri cheffyl, gyda'i forthwyl neu ei ordd.
Goreu'r creigiau'n gyson daenai dros heolydd gwyn y lle
Llanw rhychiau, gostwng cefnau, oedd ei alwedigaeth e'
   Parod i draed yr oes –
   Lle i sangu yn ddi-loes.

Pan roed arno gyfrifoldeb,nid oedd neb a'i sêl yn fwy:
P'un ai fel Trysorydd Eglwys, neu fel aelod "Cyngor Plwy"
Dyledswyddau o bob natur iddo'n gysegredig oedd;
A chyflawnai'r oll yn ffyddlon yn y dirgel ac ar g'oedd
   Meddai ef i fesur llawn
   Awydd gwneud pob-peth yn iawn.

Ni fu nemawr mwy diniwed – neb a llai o deimlad cas;
Parchai pob daioni welai, yn enwedig moddion grâs.
Llawen beunydd yn ei deulu, 'roedd ei eiriau'n iach a byw,
Ni lefarai eiriau sarug, byth ni roddai i arall friw:
   Hael ei gariad at bob dyn
   Cerid yntau gan bob un.

Aelod hawddgar, deacon diwyd, ym Moriah bu efe,
Brawd di-duedd, mawr ei ofal am yr achos yn y lle.
Am y Capel y siaradai yn y nos ac yn y dydd;
Ac ar waetha'r byd a Satan, cafodd nerth i "gadw'r ffydd"
   Yn ei galon cuddiodd hon,
   Ym mhob storom, ym mhob ton.

Yn ei weddi, fe weddiai yn hoff dermau saint ei oes –
"Un o rebels codwm Eden ydwyf," meddai, "dan y loes."

Ac nid "codwm ar I fyny," fel y myn esbonwyr 'nawr –
"codwm erchyll," welai Williams,ai o hyd yn îs i lawr.
A'i unig obaith dod i'r lan
Oedd – trwy feddu Crist yn rhan.

Lydia Evans

Nid yn aml iawn mae newyddiadurwr o'r *News of the World* yn dod i gyfweld â rhywun o'r Meinciau. Ond pan roedd Lydia Evans, neu Mam Tŷ Top neu Mamgu Brynbarre i ni'r plant, yn dathlu ei phenblwydd yn 96 dyna beth wnaeth y *News of the World* a'i disgrifio fel *"The Pride of the Village"*.

Ganwyd Lydia yn Nhalacharn yn 1857 ac roedd yn fam i ddeg o blant, gan gynnwys Wil Brynbarre. Roedd ganddi 26 o wyrion, 29 o or-wyrion a dau gor-gor-ŵyr. Mae hyn heb gyfri'r plant helpodd hi, fel bydwraig, i weld golau dydd am y tro cyntaf. Byddai wastad yn eistedd yn ei chadair wrth ymyl y tân ac ymhen tipyn byddai cwmwl o fwg yn esgyn o ochor ei chadair. Roedd yr hen wraig yn smygu pib a doedd hi ddim am ddangos i ni'r plant beth oedd un o'i phleserau. Roedd yr hen wraig yn hoff o'i phib ac eto fe ddywedodd wrth y newyddiadurwr ei bod yn ofnadwy i weld ei ffrind, a fu byw nes ei bod yn 99, yn ysmygu pib.

Pan oedd yn unarddeg fe ddechreuodd weithio fel morwyn gan weithio yn ddi-dâl am flwyddyn. Yna, cafodd 25 swllt am yr ail flwyddyn ac erbyn iddi briodi yn 1883 roedd yn derbyn £10 y flwyddyn. Fe wnaeth gyfraniad i ymdrech y rhyfel drwy wau ar gyfer y bechgyn oedd yn ymladd dros eu gwlad. Bu yn byw yn yr ardal am dros 45 o flynyddoedd ac roedd ganddi ddiddordeb mawr yn hanes y tîm pêl-droed.

Yn newyddion y Meinciau (*Journal*, Mawrth 26ain 1948) ceir yr hanes hwn:

Mrs Evans Tŷ Uchaf (mwy posh na *Tŷ* Top) *received a gift parcel from HRH* Princess *Elizabeth on attaining her 91st birthday.*

Yn y cyfnod yr oeddwn innau yn ei hadnabod roedd ei hwyres Mary yn gofalu amdani. I ddathlu penblwydd Lydia roedd Mary, bob blwyddyn, yn trefnu parti a chyngerdd i ni'r plant yn eu cartref gwyngalch un ystafell. Bu Mam Tŷ Top farw ychydig ddyddiau cyn ei phenblwydd yn 98 mlwydd oed.

Maer y Meinciau

Un o gymeriadau anwylaf y pentre yw Meurig Williams. Bu Meurig a'i deulu yn byw yn 'Gorwel' ac yn cadw gorsaf betrol a siop yno am nifer o flynyddoedd. Byddai galw yn 'Gorwel' i dorri syched y car yn golygu llawer mwy na hynny. Mae Meurig yn un o'r siaradwyr sydd â'r gallu i naddu i mewn yn sylweddol i oriau prin y dydd. Felly byddai ymweliad â 'Gorwel' yn golygu awr dda o leiaf.

Meurig Williams, Maer Meinciau.

Yn yr 'Ashes' mae Meurig a'i wraig Beti yn byw ers blynyddoedd bellach ond yr un Meurig yw e o hyd a diolch am hynny. Mae'n barod i siarad â phawb – y byd a'r betws ac mae pawb yn ei adnabod ef a'i chwerthiniad iach, heintus.

Meurig yw Maer y Meinciau – swydd andros o bwysig! Swydd a dynnodd sylw neb llai na'r Prif Weinidog yn ogystal ag Ysgrifennydd Cymru, fel y gwelir yn y ddau lythyr yn yr adran Saesneg.

Cwsmeriaid Y Black oedd yn dewis y Maer. Pleidlais ddirgel wrthgwrs ond credir fod gan Maurice Williams rywbeth bach i'w wneud â'r ddau lythyr a hefyd â galwad ffôn dderbyniodd Meurig yn Y Black un noson oddi wrth y prif weinidog!

Traddodiad Canu

Mae dinasyddion y Meinciau yn enwog am eu canu melodaidd ac mae dau reswm am hyn rwy'n meddwl. Yn gyntaf dylanwad a thraddodiad y capel ac yn ail dylanwad tafarn Y Black. Roedd bobol yr ardal yn tyrru i'r Black ar nos Sadwrn a byddai'r lle yn morio gan sŵn y gân. Mae dau gôr yn yr ardal – Côr Merched Glannau'r Gwendraeth dan ei harweinyddes brofiadol a brwdfrydig, Margaret Morgan, a chôr dynion Dyffryn Tywi dan ei harweinyddes fywiog ac egnïol, Davinia Davies (Harries gynt). Mae galw mawr am wasanaeth y ddau gôr ac maent wedi helpu i godi miloedd o bunnoedd ar gyfer gwahanol elusennau.

Fe wnaeth Eisteddfod y Meinciau, a gynhaliwyd ar ddechrau'r ganrif ddiwetha, sbarduno ambell i barti neu gôr o'r pentref i ganu mewn cyngherddau ac eisteddfodau yn yr ardal. Esiampl o hyn oedd Côr Craig y Fan gyda'r arweinydd Ben Richards, Felindre, a hefyd Parti Canu John Thomas, Bryndelyn.

Côr Craig y Fan, o gwmpas 1910.

139

Roedd tad Ben Richards, sef Joseph Richards, yn gefnder i Joseph Parry â ysgrifennodd un o ganeuon mwyaf poblogaidd y genedl, sef 'Myfanwy'. Merch fferm Y Graig, Mynyddygarreg, oedd Elizabeth, mam Joseph Parry, ac mae disgynyddion y teulu Richards yn dal i fyw yn yr ardal hon a llawer ohonynt, fel yr actor Ioan Hefin, wedi etifeddu'r ddawn gerddorol. Roedd teulu Bryndelyn yn deulu cerddorol iawn. Ymarfer yn y festri wnai John Thomas a'i barti ac weithiau byddai yn dweud wrthynt ei fod am fynd allan i'w clywed. Unwaith byddai'r canu yn dechrau byddai John yn cael peint bach sydyn yn Y Black cyn dychwelyd i'r Festri a chanmol pawb ar ganu godidog! Bu Lance Roberts sydd yn byw erbyn hyn yn Blackpool ac yn ŵyr i John Thomas, ganu gyda nifer o gwmnïau opera a byddai ei frawd Terry yn arwain y canu yn yr Ysgol Sul. Roedd eu chwaer Merle yn bianydd ardderchog.

Nôl yn y pum degau roedd Côr Plant Dolcoed yn cynnig cyfleoedd i blant yr ardal. Bu'r côr yn brysur iawn yn canu mewn cyngherddau lleol ac eisteddfodau a hefyd yn diddanu trigolion Coomb Cheshire Homes. Roedd Peggy Davies, aelod o'r côr, yn cofio cystadlu yn Eisteddfod Genedlaethol Aberdâr yn 1956 a chael llwyfan hefyd, tra roedd Marie Evans, Y Black, yn cofio teithio i ganu yn Eisteddfod Pont Senni. Arweinydd y côr oedd swyddog prawf o'r enw Gwynfor Jones, Dolcoed, ac ef sefydlodd y côr – felly yr enw Dolcoed. Roedd Gwynfor yn rhoi gwersi canu i lawer o'r cantorion.

Rhoddodd Stephen John Jones, Blaenlline, wasananeth hir a gwerthfawr fel arweinydd y gân ym Moreia. Felly yw hanes ei ddilynydd Kerri Williams. Cyn hynny bu Moreia yn ffodus iawn i gael arweinyddion fel Samuel Beynon, John Thomas a'i dad Dafydd. Roedd Moreia yn enwog am y canu a bu y Gymanfa ar Ddydd Llun y Pasg yn boblogaidd tu hwnt gyda'r capel yn orlawn. Cynhaliwyd y Gymanfa am yn ail flwyddyn gyda Bethesda, Ponthenri, ac roedd capeli Bedyddwyr yr ardal yn ymuno hefyd. Mae'n drueni mawr gweld dirywiad y Gymanfa nid yn unig ym Moreia a Bethesda ond trwy Gymru yn gyffredinol. Yn ystod y blynyddoedd diwethaf bu Moreia yn gefnogol iawn i'r Plygain â gynhelir yn flynyddol yn Eglwys Llandyfaelog.

Merch o'r Meinciau yw Fflur Wyn yn wreiddiol – merch y Parch. Eirian ac Helen Wyn. Derbyniodd Fflur ei haddysg yn Ysgol Gwynfryn cyn i'r teulu symud i Frynaman. Roedd Fflur yn adnabyddus fel eisteddfodwraig tu hwnt o lwyddiannus. Pwy all anghofio ei deuawd gyda Mirain

Côr John Thomas, o gwmpas 1910.

Haf i agor Eisteddfod yr Urdd 2001. Mirain ym Mangor a Fflur yn y stiwdio yn Llanelli. Eisteddfod y teledu oedd yr Eisteddfod honno. Oherwydd clwy y traed a'r genau doedd hi ddim yn bosib cynnal yr Eisteddfod arferol. Graddiodd Fflur o'r Royal Academy of Music yn Llundain ac erbyn hyn mae galw mawr am ei gwasanaeth tu fewn i Gymru ac ymhell tu allan i Gymru hefyd.

Ie, pentref cerddorol yw pentref y Meinciau.

Stori Erling

Mae'r stori anhygoel yma yn cysylltu Meinciau gyda Oslo, Melbourne a New Orleans.

Ym Mehefin 1922 daeth merch o Norwy draw i Gaerdydd a ganwyd iddi efeilliaid Erling a Fredrik yn ficerdy yr Eglwys Norwyaidd. Dodwyd y ddau faban mewn cartref i blant yng Nghaerdydd ac roedd yn rhaid i'r fam, Elizabeth Johnsen, gyfrannu tuag at gynhaliaeth ei phlant yn y cartref. Cafwyd arddeall mai ei chyn ddyweddi, Alfred Texe, adref yn Norwy oedd tad y plant. Felly, Texe oedd enw canol y plant ond Johnson oedd y cyfenw. Pan oedd yn dair wythnos ocd oherwydd salwch bu rhaid i Fred fynd i gartref Barnardo's yn Llundain a bu yno am dros flwyddyn cyn iddo wella a mynd nôl at ei frawd yng Nghaerdydd.

Ym mis Hydref 1924 aeth eu mam, Elizabeth, adref i Norwy gan ail-gynnau y garwriaeth gyda Alfred Texe ac yna ei briodi yn 1926. Fe gyhoeddodd nad Alfred Texe oedd tad yr efeilliaid ond dyn o'r enw Kristen Jennes, gweithiwr gyda'r swyddfa bost yn Oslo. Cydnabu ei ddyletswydd drwy ymgymryd â'r taliadau i'r cartref yng Nghaerdydd. Ond pan briododd Kristen yn 1928 rhoddodd y gorau i dalu tuag at y plant.

Yn y flwyddyn honno symudwyd Erling a Fred i 'Ely Cottage Homes', ond cyn hir gwahanwyd yr efeilliaid. Gydag amser nid oedd y naill yn ymwybodol o fodolaeth y llall. Yna, yn 1934, chwe blynedd yn ddiweddarach, bu rhaid cludo Erling i'r ysbyty ac fe'i dodwyd mewn gwely drws nesaf i fachgen arall. Dywedodd y bachgen hwnnw wrth Erling, "You look like me and I look like you." Roedd Erling a Fred gyda'i gilydd unwaith eto.

Pan oeddent yn 14 oed danfonwyd Erling a Fred i weithio ar ffermydd yn Sir Gaerfyrddin. Lleolwyd Erling ar fferm ger Cynwil Elfed a phan gyrhaeddodd fe ddywedwyd wrtho: "We don't speak English here. You will have to learn Welsh." A dyna beth ddigwyddodd.

Cyn hir ymunodd Fred â'r Llynges a bu yn gwasanaethu ar long ysgubo ffrwydron yn ystod y rhyfel. Yn 1945 fe brynodd dŷ a phriododd ferch o

Consett yn Swydd Durham. Ond tra roedd Fred i ffwrdd ar y môr fe werthodd ei wraig y tŷ a rhedeg i ffwrdd gyda dyn arall. Daeth Fred nôl i Sir Gaerfyrddin ond yn 1951, ac yntau ond yn 28 oed, fe gyflawnodd hunanladdiad a chafodd ei gladdu mewn bedd anghysegredig yn Eglwys Y Santes Ann, Cwmffrwd.

Yn y cyfamser roedd Erling yn gweithio ar fferm ger Cwmffrwd ac wedi syrthio mewn cariad gydag un o ferched glandeg y Meinciau, sef Jean Lewis, 'Caerarglwyddes', chwaer Vernon a Dona. Priododd y ddau ac ymgartrefu yn 'Llwynteg'. Wrth i'r teulu dyfu, symudon nhw o 'Llwynteg' i dŷ yn fwy ym Maesglas, Pontiets. O'r fan honno symudodd y teulu i Bedworth ac yna gwnaethpwyd y penderfyniad mawr i ymfudo i Melbourne, Awstralia.

Ond cyn ymgymryd â'r cam yma roedd rhaid cael tystysgrif geni a dyna pryd y sylweddolodd Erling mai Johnsen oedd ei gyfenw ac nid Johnson.

Draw yn Norwy yn 1929 ganwyd Else, merch fach i Elizabeth, mam Erling, a'i gŵr Alfred Texe. Yn 21 oed aeth Else i briodas perthynas iddi yn Detroit ac ar y fordaith ramantus adref cyfarfu â Lars Nedland Pederson, Americanwr o dras Norwyaidd. Priododd y ddau ac ymgartrefu yn New Orleans. Yn 1952 bu farw Alfred Texe ac wedi hynny treuliai Elizabeth bob gaeaf yn New Orleans ac yna yr haf adre yn Oslo. Ni wnaeth Elizabeth sôn unrhywbeth am yr efeilliaid wrth Else ac, felly, doedd hi ddim yn ymwybodol bod ganddi ddau hanner brawd. Yn 1982 bu farw Elizabeth yn Oslo yn 82 oed.

Yn 1988 aeth Else a Lars ar eu gwyliau i Norwy, ond y diwrnod cyn iddynt ddechrau ar eu taith derbyniodd Else lythyr oddi wrth berthynas ynghyd â llun o'i mam gyda dau faban. Cafodd sioc ci bywyd pan ddeallodd mai ei brodyr oedd y ddau faban.

Yn y cyfamser, ym Melbourne, roedd Mandy, merch Jean ac Erling, yn gweithio ar ei choeden deuluol a daeth o hyd i enw ei mamgu Elizabeth, mam Erling, yn New Orleans. Daeth ar draws cyfeiriad allweddol ac yna sylweddoli mai'r un bobol oedd yn byw yn y tŷ yma ers 1959. Y bobol hynny oedd Else a Lars Pederson. Cysylltodd Mandy â nhw ac roedd yn gorfoleddu pan sylweddolodd mai hanner chwaer ei thad Erling oedd Else. Ym mis Mai 2002 aeth Mandy a'i thad draw i New Orleans er mwyn iddo gyfarfod â'i hanner chwaer, Else. Roedd Mandy yn gweld bod y ddau o natur debyg a gwnaeth nifer nodi pa mor debyg oedd Erling i'w fam. Roedd Erling wrth ei fodd i gyfarfod â'i chwaer ond yn anffodus bu farw ar yr 11eg o Chwefror 2004 ac ym mis Mawrth 2009 bu farw Else yn ogystal.

Mae Jean yn dal i fyw ym Melbourne a dros y blynyddoedd bu llawer o deithio rhwng Meinciau a Melbourne. Mae Darren, mab Jean ac Erling, wedi chwarae criced i dîm Mynyddygarreg a'r Meinciau yn ystod ei ymweliadau. Yn ddiweddar roedd yn mynychu cwrs dysgu Cymraeg ym Melbourne a'i diwtor oedd Gwennol Tudur, merch o Bontiets wnaeth briodi ym Moreia.

In 1972 aeth Jean i briodas ei merch hynaf, Julia, yn Florida. Yn y briodas fe gyfarfu ag Americanwr a oedd, yn ystod y rhyfel, yn gwersylla gyda'i gyd-filwyr yn agos i bentref Meinciau. Roedd yn cofio mynd i dafarn 'Y Black' un noson gyda nifer o'r milwyr a chael eu diddanu gan grŵp o blant yn canu. Roedd Jean yn cofio'r noson yn iawn – roedd hi yn un o'r plant hynny.

Mae'r byd yn fach iawn!

Sgwâr y pentref fel y mae heddi. Mae'r hen fythynnod wedi diflannu.

144

Marie a Malcolm yn dathlu eu priodas arian gyda Nance yn y Black.

Marianne ac Annie, Ynys Fach, ar y chwith – ond pwy yw y lleill?

Mia Williams, Meinciau Mawr.

John Bowen a'i wraig Priscilla (un o ferched y Black) fy nhadcu a mamgu ar y chwith, gyda William Davies, Tŷ Bach, a'i wraig Marianne ar y dde.

Hannah Richards a'i merch Louisa (Llwynfilwr) a'r wyres Annie gyda'r gor-ŵyr Ken. Pedair cenhedlaeth yn perthyn i'r cerddor Joseph Parry, tua 1937.

146

Gweinidog, Swyddogion ac Ymddiriedolwyr Moreia, Meinciau, adeg y canmlwyddiant.
Rhes gefn (o'r chwith): Kerri Williams, William Davies, David Richards, John Thomas, Danny Phillips.
Rhes flaen: Johnny Beynon, John Jones, Parch. I. G. Davies, Dafydd Williams, Stephen Jones.

Rhes gefn – Dan Jones, Olive Jones, Olwen Jones, Nesta Jones,
Glenys Evans, Megan Morris.
Rhes flaen – Violet Morris, Mair Evans, Morley Jones, Reg Morris, ?,
Ken Williams, Ieuan Morris, gyda Brinley Jones yn y blaen.

William a Leticia Williams,
wnaeth ymfudo i Awstralia
1911/12.

Mari, Meinciau Bach, yn gant oed yng nghwmni ei mab Arwyn
a'r wyrion Joan ac Alun.

William Jones y saer, gŵr Mari, wrth ei waith.

Harriet Morris, ei merch Lottie a'r wyres Dilys.

Dosbarth Miss Enoch, 1920au cynnar.

*Pedwar o blant Ysgol Gwynfryn yn darllen rhifyn cyntaf erioed
o'r 'Cymro' yn 1932.*

Dosbarth Miss Mollie Rees, 1940au hwyr.

Dosbarth Islwyn Jones o gwmpas 1959.

Dosbarth olaf Dilwyn Roberts fel prifathro Ysgol Gwynfryn, 1988.

Capel Moreia.

Y Ffynnon Fedydd.

154

Dafydd Williams a Dosbarth Ysgol Sul y Gwragedd yn 1948.

Y ceffyl 'My Bluff' gyda Ieuan Morris y joci.

Y tîm criced o gwmpas y 1960au.

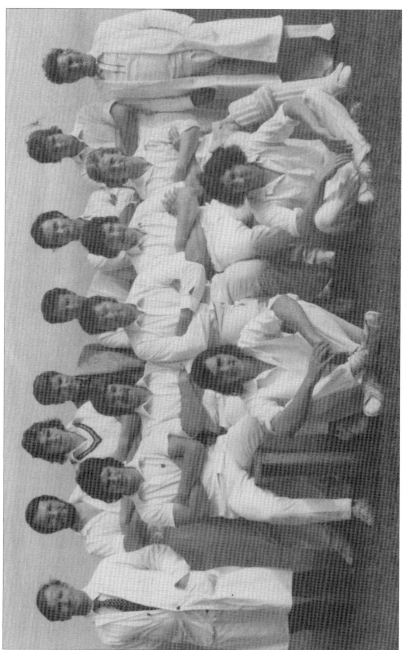

Y tîm criced, 1975.

Clwb Pensiynwyr Meinciau a Phedair Heol. Yn y llun mae gweinidog Moreia a Salem, I. G. Davies.

Gellygatrog.

Delfryn, Morning Star a Penybryn (Tŷ'r Gat) gyda'r blwch ffôn.

159

*Megan (Morris gynt) a finne yn ei chartref ger Pwllheli
ychydig wythnosau cyn iddi farw.*

Wil Brynbarre, gyda Delme bach ar y ceffyl.

160